文学里的
鸟兽虫鱼

周益民——主编 吉忠兰——编著

上海译文出版社

图书在版编目(CIP)数据

文学里的鸟兽虫鱼 / 周益民主编；吉忠兰编著.
上海：上海译文出版社，2025.1. --（文学里的大自然
）. -- ISBN 978-7-5327-9708-0

Ⅰ. Q95-49

中国国家版本馆 CIP 数据核字第 2024JV1988 号

文学里的鸟兽虫鱼

周益民　主编　吉忠兰　编著

责任编辑 / 王宇晴　特邀策划 / 庄雨蒙　装帧设计 / 赵十七
封面设计 / 王　雪　封面插画 / 林乃舟

上海译文出版社有限公司出版、发行
网址：www.yiwen.com.cn
201101　上海市闵行区号景路 159 弄 B 座
上海中华印刷有限公司印刷

开本 720×1000　1/16　印张 8　字数 82,000
2025 年 1 月第 1 版　2025 年 1 月第 1 次印刷
印数：0,001—5,000 册

ISBN 978-7-5327-9708-0
定价：39.80 元

本书中文简体字专有出版权归本社独家所有，非经本社同意不得连载、摘编或复制
如有质量问题，请与承印厂质量科联系. T: 021-62662100

大自然是本无字书

苏联有个著名的教育家，叫苏霍姆林斯基。他喜欢把孩子们带到野外，带到生活中，让孩子们享受纯粹自然的美妙天籁，感受火热生活的真挚热情。他把这称之为"蓝天下的课堂"。我国著名教育家陈鹤琴先生也说："大自然大社会是一本无字的书、活的书，是我们的活教材、活教师。"这其实也是中国古人的理想生活。孔子的弟子曾点说："莫春者，春服既成，冠者五六人，童子六七人，浴乎沂，风乎舞雩，咏而归。"在沂水沐浴后，在舞雩台上吹吹风，唱着歌儿回家——这就是他向往的生活。

蓝天下的课堂，大自然的无字书，多么辽阔，多么丰富，多么美好。

步入大自然，我们会与草木芳菲结缘，同鸟兽虫鱼相遇，跟日月山川对话。我们与万物相连，感受生命的奇妙与蓬勃，生发对世界的敬畏与热爱。在这样的课堂里，我们经历的是一段心身合一的旅程，心儿为之怦然跳动。

步入蓝天下的课堂，就是回归精神世界的诞生地。杜威曾说过，教育即生活，只有使儿童返回到切合他们天性的生活中去，才会为儿童建造"教育上的天国"。当我们走出狭小封闭的空间，投入大自然的怀抱，打开天地的画卷，这是更为活泼的教材，我们的内心因之获得滋养，获得壮大。

步入蓝天下的课堂，更是我们作为一个完整的、整体的人的存在，张扬、充盈着儿童少年旺盛、活泼的生命力量。我们在与周围世界的互动与统一中，主动又尽情地抒发着自己的智慧，关怀、责任、担当、继承、创造……这些品质悄然植入心田。

此刻，摆在我们面前的这套"文学里的大自然"丛书，正是对这种感悟的书写。作家们用准确、细腻、美好的文字，记录、描绘了他们对大自然无字书的阅读体验。这套丛书由《文学里的草木芳菲》《文学里的鸟兽虫鱼》《文学里的日月山川》三册组成，选编者都是经验丰富的老师。老师们从大量中外文学作品中精选篇章，翻开书，大家会看到一个个闪光的名字，鲁迅、朱自清、叶圣陶、冰心、萧红、丰子恺、许地山、周瘦鹃、汪曾祺、宗璞……还有国外的泰戈尔、比安基、普里什文、梭罗、黑塞……他们的文字中，有对自然生灵的深情，亦有由此生发的深思。这些文字曾经带给万千读者感动，相信也会给我们带来共鸣与启迪。作家们对自然的精微体察、与自然的互动方式，以及用文字准确、形象表达内心情思的艺术，都会让我们愉悦、沉醉，带给我们文学之美的享受。

为了帮助少儿读者领会作品的要义，发挥阅读的更优功能，老师们用心撰写了助读文字，或引导潜心会文，或启发细察自然，力求在读者、作品、自然三者之间架起一座桥梁。

动人的篇章与文字，丰富的蓝天下的课堂，怎不叫人跃跃欲试？丛书每一分册的最后均设计有"自然笔记"栏目，鼓励读者阅读大自然的无字书，并提供了可行的方法建议。如此，我们也可以用文字记录和描绘眼中、心里的自然万物。

这个世界如此充满希望和生气，让我们每日兴致勃勃地投入阅读、观察、感受和书写吧。蓝天下的课堂，属于我们每一个人。大自然的无字书，等待着我们去阅读。

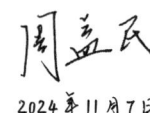

2024年11月7日

目　录

虫虫村落

初春，第一只蝴蝶 / 003

养蚕 / 005

朝遇蜉蝣 / 008

萤火虫儿 / 010

紫薇和黑蜂 / 012

蚁的武斗 / 014

我的动物室友 / 016

蟋蟀 / 019

黄蜂 / 021

草虫的村落 / 024

居家萌宠

花点和虎斑 / 029

小兔子和小孩子 / 032

随行猎犬 / 035

一天的见闻 / 039

养鸭 / 042

公鸡 / 045

猪和珍珠 / 048

贼猫 / 050

最后一只猫 / 054

狗 / 058

飞鸟世界

- 柳叶莺飞来了 / 063
- 燕子 / 066
- 黄鹂 / 068
- 翠鸟 / 070
- 晚霞与乌鸦 / 071
- 相亲相爱的燕尾鸥 / 073
- 秋鸟 / 075
- 无名的鸟 / 078
- 小山雀 / 080
- 绣眼与芙蓉 / 083
- 白鹳飞去的那边 / 086
- 麻雀 / 089

野外生灵

- 会飞的蜘蛛 / 095
- 蛛网上的谜 / 097
- 蜗牛 / 100
- 松鼠 / 103
- 松鸡救崽 / 106
- 春田狐的故事 / 109
- 静夜鹿舞 / 112
- 大象与我 / 115

 你写过自然笔记吗？

- 自然笔记一：我的动物朋友 / 119
- 自然笔记二：连续观察笔记 / 120
- 自然笔记三："还原"我的动物朋友 / 121

虫虫村落

在你忽略的地方，还有一个精彩的世界。

虫的世界，就像镜子一样，不时地照见我自己。

——朱赢椿

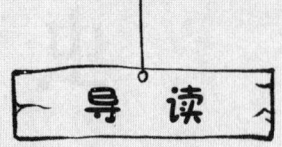

来到村民众多的"虫虫村落",你的目光最先被谁深深吸引?初春晚霞中的蝴蝶、提着灯笼的萤火虫儿、白白胖胖的蚕宝宝、纤细婀娜的蜉蝣,还是倔强好斗的蚂蚁……它们在做什么,有什么特点,是怎样的"村民"?

细细品读这些文字,我们从中学到了观察鸟兽虫鱼的方法:静静地走近它们,甚至融入它们的生活,调动自己全身心的感官,用眼睛看,用耳朵听,用手触摸,用整个心灵去感受,就会看到被别人忽略的场景和细节,听到它们的呢喃低语,甚至内心的声音,产生独特的情感体验。

我们还可以学到很多写自然笔记的方法:静态描写与动态描写相结合;在描写眼前景物时,巧妙地插入与此相关的回忆;运用比喻、拟人、对比等修辞手法;引入故事、诗词、科学知识等元素;也可以把自己的感受夹杂或潜藏在文字之中,或者在结尾处直截了当地揭示深刻的感悟……

初春,第一只蝴蝶[1]

金 波

立春有些时日了,天气乍暖还寒,一早一晚,和中午的温度能相差十来度。

太阳西沉,晚霞醉红,我看见一只蝴蝶在晚风里飞,它飞得很快很高,仿佛是被风追赶着。它想找一枝明的树梢躲一躲,然而不行,那树梢也摇摆得厉害。这初春的大地,虽有疏疏落落的树丛泛青,星星点点的小花开放,但终因一缕缕微寒的气流让它不敢降落。

我想起暮春初夏的蝴蝶,总是不慌不忙款款地飞着。

它像郊游的人一样,随兴而行,想在哪里停下,就在哪里停下。那花那草也总是温温软软的,任它歇息。

它有时落在一朵野花上,翅膀一张一合,就像掀翻着书页,供那几只蜜蜂阅读。

---

[1] 选自《昆虫印象》,金波著,江苏凤凰少年儿童出版社,2017年版。

现在，我停下脚步，目光追逐着那只蝴蝶，在夕阳晚照中，它的翅膀也模糊不清，一会儿灰暗，一会儿浅淡。但是让我无法接近它。我只能用我的目光尾随着它，一刻也不离开。心仿佛和它一起飞，就感觉真的飞起来了。在早春，像蝴蝶一样飞，那是春天特有的感觉。

今天看到的这只蝴蝶，因为它是我初春看到的第一只蝴蝶，我很珍惜它，就总想多看它几眼，看看它柔弱的身躯，胆怯的神态。我想告诉它，我不会伤害它，特别是早春的蝴蝶，我们要多加保护，让它抵御住春寒，快快长大。

欣赏蝴蝶，早已忘记它是毛毛虫变的，早忘了毛毛虫是害虫。美，有时候会让我们忘记知识，忘记科学。美，很单纯。

助读交流

作者在描写初春第一只蝴蝶时，插叙了对暮春初夏蝴蝶的回忆，它带给你怎样不同的感受呢？

养 蚕[1]

林芳萍

每年一到通泉草开花的时节,石桥就成了我们最热门的去处。因为那里有几棵野生的桑树,也许是因为可以自由自在地迎风饮露,所以每一片桑叶都长得像尽情撑开的手掌,又大又绿,总能让我们把蚕儿喂得饱饱的,养得肥肥的。

这些还沾润着雨露的绿色大手掌,被一双双让阳光晒得黑红的小手揪住,看起来好像彼此先礼貌地握了握手,然后才被摘下,装进小塑胶袋里。等塑胶袋胀大圆鼓鼓透明的肚子了,我们一点儿也不贪心,向树上一片片婴儿般黄嫩的幼叶,挥挥手,相约下回桥头再见。

回到家,饿坏了的蚕宝宝已经从空气中嗅出香甜的桑叶味,一只只从纸的残叶里钻爬出来,高高仰起头,弄得额前的皱纹因

---

[1] 选自《阿嬷家的樱花开了》,林芳萍著,福建少年儿童出版社,2014年版。选文有删减。

为心急又多了好几条。

蚕宝宝呀，等一会儿，耐心点儿，让我先将叶上的露水擦拭干了，再喂你吃吧！不然是要闹肚子的。

小主人可没有忘记就在去年，因为这个疏忽，让蚕儿们吃了露湿的桑叶，结果，有好几只就这样躺在含泪的叶片上，再也不会动了啊！

好了，擦好了，就要为你们铺盖一床柔软的绿被了。被窝里藏了阳光的温暖、泥土的厚实、微风的清凉，还有草叶的甜香，将这些通通吃进嘴里吧，一口一口，细细咀嚼，再织吐出你们最美丽的梦来！

几只蚕宝宝似乎听懂了我的话，钻动着青黑瘦长的身体，从层层叠被中努力咬破一个洞，探出头，回应我：沙沙沙！沙沙沙！

还有几只倒悬于叶缘，白胖的身子已渐渐呈浑圆透明了，看得见蓝绿色血管像川流不息的车道，蚕宝宝要准备奔赴另一个蜕变的过程。加油呀！加油呀！我热血沸腾地鼓励它们。蚕宝宝也勇敢地答应我：沙沙沙！沙沙沙！

小小的纸盒里，不同成长阶段的蚕宝宝正专心一致啃咬着桑叶，这是它们不断充实自己的声音，我欣慰微笑地听着：沙沙沙！沙沙沙！

不久，蜕皮后的蚕宝宝，长得像手指那么粗了。它们的食量也大得惊人。才放下几片新鲜的桑叶，不一会儿，就被啃食得只剩下一尾尾鱼骨头似的残破叶脉。

看样子，我得赶紧再去采些桑叶了。

助读交流

1. 作者用生动形象的语言,叙述了采桑叶、喂蚕的经历,蚕吃桑叶的情形写得特别有趣。细读蚕吃桑叶的段落,你觉得作者写得这么传神的秘诀有哪些?

2. 你有过养蚕宝宝的经历吗?试着将作者的观察方法运用在你的蚕宝宝观察记录中吧。

文学里的鸟兽虫鱼

朝遇蜉蝣[1]

朱赢椿

时间：2015.05.15
地点：前院树桩

早晨，在前院墙脚的树桩上，有一只刚蜕皮的蜉蝣。它看起来十分柔弱，我靠近时也没有飞走，只是稍微向上移动了一下。

这是我第一次在书坊见到蜉蝣。蜉蝣是现存最古老的有翅昆虫，在两亿多年前便已存在。它的一生要经过卵、稚虫、亚成虫、成虫四个阶段。

当蜉蝣从水里羽化为美丽的成虫时，生命倒计时便立即开启。它的咀嚼和消化功能都已退化，可以说是真正的不食人间烟火。它短暂的成虫时间属于婚飞的天空，即在空中飞舞交配，完成一生的终极目标。有的蜉蝣早晨羽化，甚至到了晚上便死亡，因而有了朝生暮死的说法。

---

[1] 选自《虫子间：少儿版》，朱赢椿著，新星出版社，2022年版。

蜉蝣的颜值很高，两千多年前的《诗经》里就有描写蜉蝣美貌的诗句：

> 蜉蝣之羽，衣裳楚楚。……
> 蜉蝣之翼，采采衣服。……
> 蜉蝣掘阅，麻衣如雪。……

我现在正好可以一边默诵着诗句，一边欣赏眼前的蜉蝣之美。

蜉蝣的两只复眼很大，是淡淡的石绿色。背部为淡红褐色，上面竖着一对晶莹剔透、薄如轻纱的翅膀。蜉蝣的腹部至尾部则是淡红褐色与黄色的渐变，尾部末端是嫩黄色，上面有两条长长的尾须。蜉蝣的前肢很长，背部线条舒缓柔和，再加上长长的尾须，尽显其纤细婀娜的身姿。细长的前肢可以在交配时紧紧抱住雌虫，确保在短暂的时间交尾成功，而随风飘逸的尾须则有利于平稳飞行。

眼前的蜉蝣便是在做婚飞前的准备，它期待着夕阳西下时，能奋力振翅飞向空中，尽快寻找到交配的伴侣。

蜉蝣的一生很短暂，却尽情绽放了生命的绚烂。

助读交流

蜉蝣之美，美在哪里？

诵读《诗经》中的句子以及文中描写蜉蝣样子的语句，感受它的美，体会作者细腻的表达。

萤火虫儿[1]

汤素兰

夏天的晚上,萤火虫儿飞呀飞,像无数盏小灯笼在舞动。

山村的孩子们喜欢用蒲扇扑萤火虫儿。"刷!"一扇扑过去,萤火虫儿就掉下来了,孩子们赶紧把它捡起来,装进玻璃瓶里。

只需一小会儿,玻璃瓶里就挤满了萤火虫儿。荧荧的绿光,将玻璃瓶映得透亮。

孩子们举着玻璃瓶,像举着一个个珍奇的宝贝,争着抢着让在院里乘凉的爷爷奶奶看。

爷爷喝一口凉茶,开始讲故事:

从前,有一个孩子,名叫车胤,他家里很穷,夜里读书时,因为没钱,点不起油灯,他就捉了许多萤火虫儿,放在白色的纱布袋里,借着萤火虫儿的光线读书,做功课——

孩子们听故事听得入了迷,捂紧玻璃瓶的手不晓得什么时候

---

[1] 选自《奶奶星》,汤素兰著,浙江少年儿童出版社,2011年版。

松开了，萤火虫儿趁机一只一只飞出来，飞过院墙，飞进草丛。

萤火虫儿越飞越高，最终隐没在高高的天空中。

天空中，没有了萤火虫儿，只有一闪一闪的小星星。那些萤火虫儿变成星星了吧？或者，是天上的星星落下来，变成了草丛里的萤火虫儿？

助读交流

1. 读了这篇文章，你的眼前仿佛看到了哪些场景？想一想，作者为何能用如此简洁的语言，写出充满画面感的文字呢？

2. 扑萤火虫，听《囊萤夜读》的故事，是乡村孩子独特的童年记忆。你的生活中，有没有印象深刻的动物朋友陪伴左右呢？

紫薇和黑蜂[1]

汪曾祺

我家的后园有一棵紫薇。

这棵紫薇有年头了，主干有茶杯口粗，高过屋檐。一到放暑假，它开起花来，真是"繁"得不得了。紫薇花是六瓣的，但是花瓣皱缩，瓣边还有很多不规则的缺刻，所以根本分不清它是几瓣，只是碎碎叨叨的一球，当中还射出许多花须、花蕊。一个枝子上有很多朵花。一棵树上有数不清的枝子。真是乱。乱红成阵。乱成一团。简直像一群幼儿园的孩子放开了又高又脆的小嗓子一起乱嚷嚷。在乱哄哄的繁花之间还有很多赶来凑热闹的黑蜂。这种蜂不是普通的蜜蜂，个儿很大，有指头顶那样大，黑的，就是齐白石爱画的那种。我到现在还叫不出这是什么蜂。这种大黑蜂分量很重。它一落在一朵花上，抱住了花须，这一穗花就叫它压得沉了

---

[1] 选自《汪曾祺全集卷四·散文卷》，汪曾祺著，北京师范大学出版社，1998年版。选文有删改，标题为编者所加。

下来。它起翅飞去，花穗才挣回原处，还得哆嗦两下。

大黑蜂不像马蜂那样会做窠。它们也不像马蜂一样地群居，是单个生活的。在人家房檐的椽子下面钻一个圆洞，这就是它的家。我常常看见一个大黑蜂飞回来了，一收翅膀，钻进圆洞，就赶紧用一根细细的帐竿竹子捅进圆洞，来回地拧，它就在洞里嗯嗯地叫。我把竹竿一拔，啪的一声，它就掉到了地上。我赶紧把它捉起来，放进一个玻璃瓶里，盖上盖——瓶盖上用洋钉凿了几个窟窿。瓶子里塞了好些紫薇花。大黑蜂没有受伤，它只是摔晕过去了。过了一会，它缓醒过来了，就在花瓣之间乱爬。大黑蜂生命力很强，能活几天。我老幻想它能在瓶里呆熟了，放它出去，它再飞回来。可是不知什么时候，它仰面朝天，死了。

助读交流

文中多处运用了对比的手法，你发现了吗？找出一两处，读一读，体会这样写的好处。

蚁的武斗[1]

朱赢椿

时间：2010年8月6日
地点：书坊窗台

窗台上，有两只蚂蚁。一只头稍微大一些，另一只身材瘦小一些。两只蚂蚁像红了眼的斗牛，各自都把头压低，臀部抬高，摇摆着触须。

搞不清这到底是生死格斗，还是在比武过招。

争斗看来也刚开始，两蚁静止不动，相持足有两分多钟。

小蚁首先发起攻击，一口咬住大头蚁的右触须，死命往后拖拽。大头蚁疼痛难忍，本能地向后扭头，小蚁竟然死死咬住不放。大头蚁块头大，拖着小蚁的身体前移。小蚁紧紧抓住台面，可是台面光滑，竟然整个身体被拖动起来。

大头蚁似乎有点愤怒，猛地转回头想反咬一口，哪知小蚁早

---

[1] 选自《虫子旁》，朱赢椿著，湖南人民出版社，2013年版。

有准备，往后猛退一步。大头蚁一个跟跄，在半空中扭曲着身体，而小蚁仍旧咬住大头蚁的触须，继续死命往后拖拽。

大头蚁不再还击，好像准备认输了，就这样，两蚁又一动不动地僵持好久……

突然，大头蚁一个急转身，用右前肢卡住小蚁的脖子，抬起右后肢，骑在小蚁的身上。就这样，小蚁一下子被大头蚁控制得动弹不得。但大头蚁的右触须仍在小蚁的嘴里。

大头蚁无法再忍耐，卡住小蚁的脖子，用力高高举起，要把它摔个半死。这回小蚁六肢不着地，在半空中挣扎。大头蚁果然把小蚁狠狠地摔到台面。小蚁身体被重重撞击后，手脚也没了力气，瘫软下来。但是，大头蚁的触须仍然在小蚁的嘴里。小蚁一用劲，大头蚁也就势倒地。

这场争斗进行了半个小时，也耗尽了两蚁的体力。争斗结束后，小蚁好像已不能走动，大头蚁把小蚁扛起离开桌面。当然，触须还被小蚁咬在嘴里。

文学里的鸟兽虫鱼

(助读交流)

"武斗"的动态描写实在是太精彩了。找出你喜欢的段落，边读边想象画面，并学习作者运用一连串动词写出动态感、画面感的方法。

我的动物室友[1]

陈诗哥

一天中总有一个时候我要坐在窗前读诗。每当这个时候，就会有些什么东西出现：先是窸窸窣窣地响，然后就安静了。

听我读诗的，是我的一些动物朋友。

它们究竟住在什么地方，说真的，我不太清楚。可能是在书柜的后面，可能是在书桌的下面，也可能是在墙的缝隙里，谁知道，它们都是神出鬼没的。

我只好跟它们约法三章：各行其道，互助互爱，互不骚扰。不然，我的生活就乱套了。

蜗牛在我的这些朋友里是最神秘的。每次我都不知道它从哪里来。它喜欢在我附近散步，那种气定神闲简直蕴藏着无穷的智慧。我相信，对于这个世界它观察得比我真切。其实它又是十分

---

[1] 选自《在我睡着之后·陈诗哥诗意童话系列》，陈诗哥著，长江文艺出版社，2020年版。

胆小，一有什么风吹草动，就会缩回壳子里面。在里面是很安全的。每次听我读诗时，只有它会摇头晃脑，头上四个触角有节奏地伸缩，大概是灵魂出窍了。

书堆里住着一些书虫，它们总会啃掉一些书皮，这让我很苦恼。我甚至想把它们赶走，可是大家都是这个世界的居民，我又有什么权利驱逐一群热爱知识的朋友呢！我想了想，只好撕一些可口的纸片，放在它们经常出没的地方，并跟它们说："不要再吃我的书了。"大概它们听懂了这个建议，我的书没有继续受到破坏，而它们似乎又生活得还好，数量也不见增多。这让我长长地松了一口气。

而蜘蛛总是那么沉默。人们可能会嘲笑一只猴子的聒噪，却没人会嘲笑一只蜘蛛的沉默。同样的道理也适用于壁虎。我读诗的时候，它总贴在玻璃的外面，听完后又独自离开，悄无声息。这个沉默的杀手，我想，即使饱读诗书，也不会改变冷峻的性格。

至于飞蛾，总是飞来飞去，大概是因为有一颗躁动的心。甲壳虫则较为稳重，像一辆推土机，没人知道它在想什么。

这些朋友中，蚊子是最不受欢迎的。起初，尤其是在晚上我躺下睡觉的时候，它们就出现，在我耳边嗡嗡地说个不停，这些阴郁的家伙大概有什么心事，但谈心事哪能在这个时候呢！有一次我终于忍无可忍，打开灯，把这些没礼貌的家伙大大斥责了一顿。后来，它们可能识趣了，就很少来了。

不过，我祝愿它们过得好。

有时候，朋友来看我，眼睛却只盯着我的书，我只好叫道：

"哎呀！朋友，小心你的脚！"朋友大惊失色，连忙把脚抬起：一队蚂蚁正从他的脚下威武地走过。

有些动物出现又消失了。原因是很多的。

有一段时间，我对这些小动物充满了忧虑，希望它们不要太多。不过，感谢上帝，它们都保持着得体的数量。

如今，很多年过去了，竟也相安无事。

助读交流

作者写了哪些动物室友？它们分别有什么特点？从中，你可以看出作者对它们的情感吗？

蟋 蟀[1]

[法]儒勒·列那尔　徐知免　译

这只黑黢黢的虫子，如今已倦于漂泊，此时漫游归来，正在细心整理他那片荒芜了的园地。

首先他耙平了那条窄狭的沙土小径。

他从房屋门槛上清除掉散落的木屑。

他锉断了那棵拦路的巨大野草。

他休息一会儿。

然后他给他那只精微的小表上发条。

他上好了，还是表坏了？现在他再休息一小会儿。

他又回到屋里，关上门。

他在那把结构灵巧的锁孔里久久不息地转动钥匙。

喏，他谛听：

外面一点动静都没有。

---

[1] 选自《自然纪事》，儒勒·列那尔著，徐知免译，人民文学出版社，2018年版。

不过他还是感到不大安全。

于是，仿佛是通过滑车的小链条，咯吱咯吱地转动，他下到土地深处。

什么也听不见了。

在沉寂的旷野中，几株白杨伸向天空，像手指似的指着月亮。

助读交流

1. 作者在写蟋蟀时，用了"他"这个人称，体会这样写的好处。

2. 列那尔的语言简练又细致，他曾说过"自然界是真实，生动而纯净的世界"。借助他的刻画，你可以试着动笔画一画蟋蟀的活动。

黄　蜂[①]

［法］让－亨利·法布尔　　［英］A.T.代·马托斯　改写
周浩　译

　　一群黄蜂恰巧在我家的一条小径旁，建起了自己的家园，于是，我拿来一个玻璃钟，准备做实验了。一天晚上，黄蜂们回到巢穴后，我先将泥土弄得平整一些，然后把玻璃钟盖在了洞穴的入口处。第二天早晨，当黄蜂们准备出发工作时，它们却发现出去的路被堵死了。它们能不能从玻璃钟下面的缝隙里，找到一条通往外部世界的道路呢？或者，这些精力充沛的小生灵们，既然能够挖掘出一个宽敞的大洞，又能否意识到，只要挖出小小的一段地下隧道，就可以令它们重获自由呢？这便是我想解决的困惑了。

　　次日早上，明媚的阳光落在玻璃钟上，那些勤勉的工人们，也成群结队地从地下冒了出来，寻找吃的。不过它们却一次次撞在

[①]　选自《昆虫记》，［法］让－亨利·法布尔著，［英］A.T.代·马托斯改写，周浩译，上海译文出版社，2022年版。选文有删减。

玻璃钟的钟罩上，摔了下来，很快它们又重新爬起来，成群结队地继续撞向玻璃壁。有些黄蜂在长时间的手舞足蹈之后，也有些疲累了，于是暴躁地乱撞一通后，便悻悻地回到家里去了。此时，自然有其他同伴顶替了它们的角色，继续对玻璃钟发起冲撞。然而从始至终，都没有哪怕一只蜂儿，会想到用自己的足到玻璃罩的底下挖一挖，寻找到脱困的空间。看来，它们在逃生方面的智慧太有限了。

还有一些整晚都在外面度过的黄蜂，此时也从田野间回家了。它们先是围绕着玻璃钟飞来飞去，一直犹犹豫豫，迟疑不决，最后总算有一只决定在玻璃钟底部挖掘，其他的蜂儿也都竞相效仿。很快，它们便轻松地打开了一条通路，随后鱼贯而入。然后，我又用一些泥土，把它们刚刚挖出的新通道给堵了起来。如果里面的黄蜂们能够从巢穴的内部看到这条狭窄的通道，那么要逃脱我设置的囚笼，就是件轻而易举的事情。我很愿意让这些囚徒通过努力重获自由。

无论这些黄蜂理解能力有多差，我都相信它们现在是有可能逃生的了，尤其是那些刚刚回家的，很可能成为蜂群的领路人——它们可以教其他黄蜂，如何在玻璃钟的下面挖出一条通道来。

可是结果依旧令我大失所望，这些黄蜂并没有从之前的经历中吸取丝毫经验，它们仍然没有任何一点儿挖掘通道的尝试。这群黄蜂只是在做各种无谓的挣扎，漫无目的地在里面来回飞行。

后来我才明白，那些从外面归家的蜂儿能够找到回家的路，是因为它们通过嗅觉进行搜索，能够从土壤的外面找到家的方向，这是它们本能地想要回到家中的一种表现，或者说是一种自我防御的手段。它们无需思考，因为对于每一只黄蜂而言，从它们出生起，地面上的阻碍就再熟悉不过了。

然而，对于那些在玻璃钟内部的黄蜂来说，这种本能却没法给予它们任何帮助。它们的目的很明确，那就是浸润在阳光的沐浴下，因此当它们在透明的牢笼中享受到阳光之后，目标也已经达到了。尽管一次次地撞向玻璃壁，它们却依旧徒劳地想在太阳的指引下飞得更远。它们没有什么经验来指导它们此时此刻究竟应该做些什么，因而它们就这样盲目地因循守旧，固守着旧习性，逐步将自己推向死亡。

文学里的鸟兽虫鱼

助读交流

在这个实验中，巢穴中的黄蜂和归来的黄蜂分别是怎么寻找"出入口"的？带给你怎样的启示？

草虫的村落[①]

郭　枫

今天，我又躺在田野里，在无限的静谧中，忘了世界，也忘了自己。

我目光追随着爬行的小虫，做了一次奇异的游历。

空间在我眼前扩大了，细密的草茎组成了茂盛的森林。一只小虫，一只生着坚硬黑甲的小虫，迷失在这座森林里。我想它一定是游侠吧！你看它虽然迷了路，仍傲然地前进着。它不断地左冲右撞，终于走出一条路。我的目光跟着它的脚步，它走着，走着，一路上遇到不少同伴，它们互相打着招呼。我真想也跟它们寒暄一下，可惜我不懂它们的语言。

它们的村子散布在森林边缘的小丘上。这里，很多黑甲虫村民，熙熙攘攘地往来。那只英勇的黑甲虫，走进了村子。我看见在许多同类虫子中间，一只娇小的从洞里跑出来迎接远归者。它们

[①] 选自《郭枫散文选》，郭枫著，百花文艺出版社，1991年版。

意味深长地对视良久，然后一齐欢跃地走回洞穴里去。

我看得出草虫的村落里哪是街道，哪是小巷。大街小巷里，花色斑斓的小圆虫，披着俏丽的彩衣。在这些粗壮的黑甲虫中间，它们好像南国的少女，逗得多少虫子驻足痴望。蜥蜴面前围拢了一群黑甲虫，对这庞然大物投以好奇的目光。它们友好地交流着，好像攀谈得很投机似的。看啊！蜥蜴好像忘记了旅途的劳倦，它背着几个小黑甲虫，到处参观远房亲戚的住宅。

我的目光为一群音乐演奏者所吸引，它们有十几个吧，散聚在两棵大树下面——这是两簇野灌丛，紫红的小果实，已经让阳光烘烤得熟透了。甲虫音乐家们全神贯注地振着翅膀，优美的音韵，像灵泉一般流了出来。

我的目光顺着僻静的小路探索，我看到"村民们"的劳动生活了。它们一队队不知道从什么地方来，一定是很远很远的地方吧？现在它们归来了，每一个都用前肢推着大过身体两三倍的食物，行色匆匆地赶着路。

我完全迷惑了，在小虫子的脑海中，究竟蕴藏着多少智慧？我看见测气候者忙于观察气象；工程师忙于建筑设计……各种不同的工作，都有专门的虫子担任。

我还看见了许多许多……

我悠悠忽忽地漫游了一个下午，直至夕阳亲吻着西山的时候，红鸠鸟的歌声才把我的心灵唤回来。我发现了草丛中小虫子的快乐天地。我多么得意啊！

我愿意牵着你的手，一起到草虫的村落里去散散步。

助读交流

1．"我"在草虫的村落里，遇到了哪些"村民"，它们在干什么？

2．走进大自然，到森林、田野或小河边，去寻找虫子们的身影吧，也许你会看到很多有趣的场景，带给你很多生活的智慧和人生的启迪。

居家萌宠

一生中最忠实的朋友,第一个来迎接我,第一个来保护我。

——拜伦

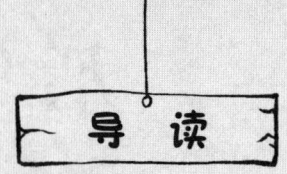

　　天真烂漫的小兔子、堪称模范丈夫的公鸡、懂得廉耻的鸭子、肚子滚圆的猪、可爱的猫猫狗狗……是我们身边最常见的家禽和牲畜，它们是我们独特的家庭成员。这些萌宠，有的成为两代人之间情感的纽带，有的给我们的生活带来了欢声笑语，有的帮助我们干农活、运输物资……它们身上折射出可贵的品质，带给我们很多思考和启迪。

　　动物和人类一样，都需要被关爱和呵护，因为得到或失去爱，两只猫的命运有了不同的转折。把两篇或更多的文章放在一起对比着阅读，能带给我们更深层次的思维挑战。

　　阅读有的文章，比如高尔基的《狗》，需要查阅背景资料，才能读懂作品的深意。默读，朗读，对比读，带着思考读，反复读……自然能领悟文章写了什么，想传达什么内涵，怎样才能更好地表达。

花点和虎斑[①]

肖定丽

我家养着猫和狗。狗是花点,猫是虎斑。

睡午觉的时候,虎斑卧在我脚边,花点呢,就躺在床下的地板上。

秋天来了,天气渐凉,花点将睡觉的地方移到窗下的木台上,那里洒着一片热乎乎的太阳光,花点就睡在那片暖阳里。

花点在那里睡了一个星期。这天,它又去找它的太阳地儿。

咦,那里站着虎斑,全身沐浴着阴光。

虎斑吃得好,皮毛油光水滑。瞧见花点,它两只金眼圆瞪,二眉紧皱,摆出老虎的威风来。

花点要上台讨回它的地盘,毕竟这是它发现的新大陆。可它刚抬蹄子,虎斑就挥爪子朝它扇过去,那爪子正盖在狗脸上。花点再抬爪子,虎斑再扇。花点偏着头,想从一边斜冲上去,虎斑就

[①] 选自《万物的钥匙》,肖定丽著,二十一世纪出版社,2019年版。

伸开爪子拦着，顺势再拍过去，还会狠抓一把——它把尖尖的利爪亮了出来。

花点最怕虎斑这一手，它中过招。花点站住不动了，琢磨着该拿这骄横的女孩儿怎么办。

虎斑呢，却干脆扑通一下趴在太阳地里。

花点吃惊地瞧着它，很是意外：这赖皮的小妮子，怎么能这样啊？真够呛！

我手支着下巴看着它俩，接下来，该怎么办呢？又要发生战争了吧？为丁点大的事儿，它俩没少打架。不过，只要花点坚持，先撤身逃离的总会是虎斑。每回都这样。

往下瞧吧，等会儿花点就要使出招牌动作了：将屁股对准虎斑，连扫带压。它比虎斑高，也比虎斑胖，这是它的优势。它这样做，也是为了保护自己的脸，被虎斑抓上一把，可真叫丢脸。虎斑呢，回回都败在花点的撒手锏上，它拿花点毛烘烘的尾巴没辙。

我猜错了。

没想到，花点没有采取行动，它定了定，转身走了，回到原来睡觉的地方，躺下来。

呵呵，不错嘛，花点到底是大哥，让着这猫妹妹。

我刚这么想呢，听见花点又爬起来，沙啦沙啦重新走到木台前，站在虎斑的眼皮子底下，瞧着虎斑，用它那双带着稚气的、委屈的、圆溜溜的黑眼睛。

虎斑对花点视而不见，举着脖子，眼皮翻向天花板。再过一会儿，眼睛眯上了。

花点显得很无奈，来回挪动前爪，注视着漏在木台下的一小束日光，犹豫着。我知道，它打算在台下对付了事，但又不太甘心，面子上过不去哪！那片光还没铜钱大呢，晒不到什么。

我看不过去了，从床上下来，拿条软毛巾，铺在台下的小光点里。对花点说："你这位大哥，表现得很有范儿，这毛巾是奖励你的。"

花点立刻躺在毛巾上，舒服地摆成个半圆，吐了一口气。

虎斑拿眼皮撩撩花点，又赶快闭上。

很快，花点和虎斑都睡着了。

阳光静静的、暖暖的、懒洋洋的，从窗户，从绿萝的叶片上，洒下来。

今年，花点九岁。

虎斑才两岁。

助读交流

1. 花点和虎斑两只萌宠，打打闹闹，相爱相杀，实在是太有意思，太耐人寻味了。你更喜欢哪一个呢？

2. "稚气的、委屈的、圆溜溜的黑眼睛""阳光静静的、暖暖的、懒洋洋的"你关注到这样的表达了吗？你也可以尝试着用起来。

小兔子和小孩子[1]

鲁 迅

住在我们后进院子里的三太太,在夏间买了一对白兔,是给伊的孩子们看的。

这一对白兔,似乎离娘并不久,虽然是异类,也可以看出他们的天真烂漫来。但也竖直了小小的通红的长耳朵,动着鼻子,眼睛里颇现些惊疑的神色,大约究竟觉得人地生疏,没有在老家时候的安心了。

孩子们自然大得意了,嚷着围住了看;大人也都围着看;还有一匹小狗名叫S的也跑来,闯过去一嗅,打了一个喷嚏,退了几步。三太太吆喝道:"S,听着,不准你咬他!"于是在他头上打了一掌,S便退开了,从此并不咬。

这一对兔总是关在后窗后面的小院子里的时候多,听说是因

---

[1] 选自《呐喊·兔和猫》,鲁迅著,中国致公出版社,2016年版。选文有删减,标题为编者所加。

为太喜欢撕壁纸，也常常啃木器脚。这小院子里有一株野桑树，桑子落地，他们最爱吃，便连喂他们的菠菜也不吃了。乌鸦喜鹊想要下来时，他们便躬着身子用后脚在地上使劲地一弹，砉的一声直跳上来，像飞起了一团雪，鸦鹊吓得赶紧走，这样的几回，再也不敢近来了。

孩子们时时捉他们来玩耍；他们很和气，竖起耳朵，动着鼻子，驯良的站在小手的圈子里，但一有空，却也就溜开去了。他们夜里的卧榻是一个小木箱，里面铺些稻草，就在后窗的房檐下。

这样的几个月之后，他们忽而自己掘土了，掘得非常快，前脚一抓，后脚一踢，不到半天，已经掘成一个深洞。大家都奇怪，后来仔细看时，原来一个的肚子比别一个的大得多了。他们第二天便将干草和树叶衔进洞里去，忙了大半天。

大家都高兴，说又有小兔可看了；三太太便对孩子们下了戒严令，从此不许再去捉。我的母亲也很喜欢他们家族的繁荣，还说待生下来的离了乳，也要去讨两匹来养在自己的窗外面。

他们从此便住在自造的洞府里，有时也出来吃些食，后来不见了，可不知道他们是预先运粮存在里面呢还是竟不吃。过了十多天，三太太对我说，那两匹又出来了，大约小兔是生下来又都死掉了，因为雌的一匹的奶非常多，却并不见有进去哺养孩子的形迹。伊言语之间颇气愤，然而也没有法。

有一天，太阳很温暖，也没有风，树叶都不动，我忽听得许多人在那里笑，寻声看时，却见许多人都靠着三太太的后窗看：原来有一个小兔，在院子里跳跃了。这比他的父母买来的时候还小得远，但也已经能用后脚一弹地，迸跳起来了。孩子们争着告诉我说，还看见一个小兔到洞口来探一探头，但是即刻便缩回去了，那该是他的弟弟罢。

那小的也捡些草叶吃，然而大的似乎不许他，往往夹口的抢去了，而自己并不吃。孩子们笑得响，那小的终于吃惊了，便跳着钻进洞里去；大的也跟到洞门口，用前脚推着他的孩子的脊梁，推进之后，又爬开泥土来封了洞。

从此小院子里更热闹，窗口也时时有人窥探了。

助读交流

1. 三太太在夏间买的那对白兔有什么特点？

2. 你觉得作者哪些地方写得特别有意思？找一找，也可以朗读给大人听。

随行猎犬[1]

格日勒其木格·黑鹤

最近一次上山我带的是依玛,也是一只半岁左右的蒙古猎犬。这只小狗是弟弟的宠儿。

依玛,这名字是我起的。使鹿鄂温克语:迅捷、快速的意思,其实指的是驯鹿在森林中疾行如风。这名字本来属于我的小说《叼狼·疾风》中的那只银灰色的猎犬,在现实的世界中,我将这个名字给了这只小狗。我也注意到,其实使鹿鄂温克对我的生活改变很多,我的好几只狗都是使鹿鄂温克语的名字,我训犬的口令,也是使鹿鄂温克语。这种语言没有文字,懂得的人很少。

2017年5月我做完校园宣传活动,回到呼伦贝尔,像往年一样,准备去大兴安岭看望使鹿鄂温克朋友。回到营地发现。这只叫依玛的小狗竟然因为喂养得太好而营养不良。确实是这样,弟

---

[1] 选自《我的原始森林笔记》,格日勒其木格·黑鹤著,天天出版社,2018年版。选文有删减。

弟对它有些过于娇纵，肉、生奶和鸡蛋，每天无限地供应。刚见面，我给它开了一盒幼犬罐头，它竟然只是闻了闻，毫无兴趣，也让我相当没有面子。我只好把罐头给了在一边垂涎欲滴的中亚牧羊犬熊猫，熊猫差点儿连罐头盒都一口吞下去了。依玛是一只没有食欲的小狗。因为食物过于丰富，而且得来容易，它缺少对食物的渴望，所以也就没有进食的欲望，必须矫正。我正好要上山，就决定带着养几天。

本以为可以直接进山，结果因为大风和大兴安岭的山林大火，滞留在海拉尔，一等再等。不过正好也跟这只小狗好好地相处了几天，只是几天的时间，我就发现这只小狗的智商实在高得惊人。对于一只从未在楼上生活过的小狗，它表现得对城市生活极为适应。对于外出在草地上排泄这事它无师自通，从未在房间里方便过。事实上所有的蒙古猎犬都是如此，这是天生的。我养过其他的狗，在它们小时候，为了让它们学会不在房间里方便，费尽周折，我也曾经不止一次看到屎尿遍地的场面继而崩溃。所以这只小狗的表现简直像天使一样。而且，这是一只非常稳定的小狗。进了房间之后，直接就往桌子下的地毯上一趴。安静而从容，跟那些像马达一样兴奋的小狗绝不一样。我有事外出，将它独自留在家中，回来的时候，它永远安安稳稳地卧在原地。没有像别的小狗一样。把所有能够碰到的东西都撕成碎片。

现在，它卧在曾经属于我的老犬罗杰的地毯上，它在玩罗杰留下的玩具，而且，它也像罗杰一样，睡着的时候，将头搭在我的脚上。

但我还是努力地保持着跟它的距离。自从我的老犬罗杰离去，我已经没有勇气再养一只可以天天跟在身边的狗了。现在，我经常为了做宣传活动长时间外出。如果和一只狗建立了感情，对于狗是极不公平的。它的生活会因为一直在等待自己的主人归来而毫无生趣。

终于等到开出防火证，我驱车赶往大兴安岭的驯鹿营地。在路上，这只小狗再一次展现了自己稳定的性格。在车上，它不乱叫，直接往后座上一趴。即使我离开，它也并不惊慌。只是安稳地在车上睡觉。如果是别的小狗被独自留在车上，只要时间充裕，它们可以毫不费力地将车上的所有内饰拆得干干净净。无论是山下的小旅馆，还是驯鹿营地中的帐篷或者房车，它都坦然面对。晚上它会老老实实地睡在我给它铺的垫子上，但是早晨我醒来的时候，它保证已经偷偷地爬上我的床，睡在我的睡袋上。

它生活在草原营地上，能够天天看到地平线，它懂得什么是辽阔。但森林提供给它的是一种它无法想象的广袤。它迅速地跟驯鹿营地的蒙古牧羊犬成为朋友，那是多年前我带上山的蒙古牧羊犬的后代。

在丛林中行走，为了防止被蜱虫叮咬。每天我都在自己和它的身上涂抹防虫药。但是这种嗜血的小虫防不胜防，我就帮助营地的牧羊犬清理了一只。

它的体力很好，这么小的小狗，竟然可以在遍布塔头和沼泽的丛林中一刻不停地跟随着我行走四个小时。这是一只见识过丛林的猎犬。

短短一周，北方的森林会给这只名叫依玛的小猎犬留下永久的记忆。

我想，在回到草原营地之后，那北方的森林，仍然会一次又一次在它的梦里出现吧。

助读交流

1. 跟其他狗相比，依玛有什么优缺点？
2. 你觉得经历了森林之行，它会有什么改变呢？

一天的见闻[1]

朱爱朝

2018年10月6日 | 农历九月初二 | 气温18℃左右

早上 7：10

要穿薄棉袄。

远处的田野，已收割完毕，一片平坦。

菜园里也平坦开阔了。昨天拆掉了供豆角、苦瓜藤和南瓜藤攀爬的棚架，把土挖松，再挖出一个个的洞，把白菜秧子、青菜秧子，还有一直长得极其瘦弱的葱，移栽到一个个洞里。栽菜的时候，要用到像小孩玩具般的小铲子，不过大多时候是用手。用手把土盖到菜的根部，更快更方便。婆婆只是叮嘱我，不要把洞与洞之间用作间隔的泥土扒拉下来。她说，把这些扒拉平，浇的粪

---

[1] 选自《自然之美：朱爱朝写给孩子的自然笔记》，朱爱朝著，新星出版社，2022年版。标题为编者所加。

就会到处流，不易集中到菜的根部。

早起开门，准备放鸡们出去，婆婆复又把门关上。二季稻正在成熟中，谷粒已充实但未收割，鸡们会到田间去觅食。她说，等这些稻子收割了，再放它们出院子。

一只小鸟在玉兰树深绿的茂盛叶丛中，清脆歌唱。桂花的香，断续飘入菜园。

早上8：10

鸭子下池塘，在浅水处梳洗。上岸之后，鸭子展开双翅，使劲扑扇着。它展翅的姿态，让人忆起它们的祖先确实是可以飞翔的。它墨绿的羽毛，在阳光下有一种光彩。它转过头，用扁嘴梳理着，也清洁着翅下的部分。它踱几步，又扑扇几下翅膀，把水甩得更干一些。它站在池塘边的阳光下，等待着羽毛被晒干。

浅水处的这只鸭子，站在池塘中，水才没过它的脚蹼。它把头完全探进水里。迅速入水，又迅速出来，如此几次。它抬起右脚，在嘴边摩擦着，做着清洁的工作。远处的一只鸭子，活动几下，扑扇几下翅膀，把身体污垢洗净，它的翅膀拍动水面，发出"哗哗"的响声。站在岸上的三只鸭子，各自用扁嘴理着前胸白色的羽毛，又理理背上墨绿的羽毛，翅膀使劲地扑扇几下后，再理理羽毛。它们的翅膀微微张开，轻轻抖动着。

下午 3：20

　　太阳热烈。蟋蟀声轻轻。那只早上没有叫的鸟，过一段时间就唱上几声，"gǔ gū gū gū —— gǔ gū gū gū ——"桂花的香味浓郁，歇一阵，又飘过来。我喜欢这对鼻子没有太多侵略的自然香气。

　　突然，对面的辣椒树丛里钻出了一只黄母鸡，它看着打伞的我，我看着叶丛下的它，互相惊讶地对视了几秒后，它回过神来，做出逃跑状。我也回过神来，起身要赶它出园。昨天才栽种的菜秧，可经不起它啄。"呀"，这一吆喝，树丛下又飞跑出一只、两只、三只黑母鸡。好家伙，在我画苋菜时潜伏了一个多小时，愣是没有"咯"一下。天知道它们是什么时候进菜园的。

助读交流

　　1. 描写鸭子的两段文字很有意思，可以有感情地朗读出来哦。
　　2. 这一天的见闻中，还有什么是令你印象深刻的呢？
　　3. 你能试着模仿作者的方式，写一写或者画一画你的一天见闻吗？

养鸭[1]

丰子恺

这一对鸭不是原配,是一个寡妇和一个第二后夫。

来由是这样的:今年暮春,一吟[2]从街上买了一对小鸭回来。小得很,两只可以并排站在手掌上。白天在水田游泳,晚上共睡在一只小篮里,挂在梁上:为的是怕黄鼠狼拖去吃。鸭子长得很快,不久小篮嫌挤,就改睡在一个字纸篓里,还是挂在梁上。有一天半夜里,我半睡中听见室内哗啦哗啦地响,后来是鸭子叫。连忙起身,拿电筒一照,只见字纸篓正在摇荡中,下面地上,一只小雄鸭仰卧在血泊中。仔细一看,头颈已被咬断,血如泉涌了。连忙探望字纸篓,小雌鸭幸而还在。环视室内,凶手早已不知去向了。这件血案闹得全家的人都起来。看着残生的小雌鸭,各人叹了好几口气。

---

[1] 选自《子恺随笔(中)》,丰子恺著,海豚出版社,2013年版。
[2] 丰一吟,作者丰子恺的女儿。

后来一吟又买了一只小雄鸭。大小和小雌鸭仿佛。自从那件血案发生以后，我们每晚戒备很严，这一对续弦的小鸭，安全地长大起来。我们在篱笆内掘一个小塘，就称为乳鸭池塘。不知不觉之间，它们已长成大鸭，全身雪白，两脚大黄，翅膀上几根羽毛，黑色里透着金光，很是美观。它们晚上睡在屋檐下一只箩子底下。箩子上面压上一块石板，也是为防黄鼠狼。

谁知有一天的破晓，我睡醒来，听见连新——我们的男工，在叫喊。起来探问，才知道一只雄鸭又被拖去了，一道血迹从箩子边洒到篱笆的一个洞口，洞外也有些点滴，迤逦向荒山而去。查问根由，原来昨夜连新忘记在箩子上压石板，黄鼠狼就来启箩偷鸭了。那雌鸭放出箩来，东寻西找，仰天长鸣，"轧轧"之声，竟日不绝。其声慌张，焦躁，而似乎含有痛楚，使闻者大为不安。傍晚我偶然走到箩子旁边，看见早上喂的饭全没有动。

雌鸭"丧其所天"之后，一连三四日"轧轧"地哀鸣，东张西望地寻觅。后来也就沉静了，但样子很异常，时时俯在地上叩头，同时"咯咯"地叫。从前的邻人周婆婆来，看见了，说她是需要雄鸭。我们就托周婆婆作媒，过了几天，周婆婆果然提了一只雄鸭来，身材同她一样大小，毛色比她更加鲜美。

这一对鸭就是我现在所喜欢的畜生。我喜欢他们，不仅为了上述的一段哀史，大半也是为了鸭这种动物的性行。许多人说，鸭步行的态度太难看。我以为不然，摇摇摆摆地走路，样子天真自然，另有一种"滑稽美"。狗走起路来皇皇如也，好像去赶公事；猫走起路来偷偷摸摸，好像去干暗杀，这才是真难看。

但我之所以喜欢鸭子，主要是为了他们的廉耻。人去喂食的时候，鸭一定远远的避开。直到人去远了才慢慢地走近来吃。正在吃的时候，倘有人远远地走过来，一定立刻舍食而去，绝不留恋。虽然鸭子终吃了人们的饭，但其态度非常漂亮，绝不摇尾乞怜，绝不贪婪争食，颇有"履霜坚冰"之操，"不食嗟来"之志，比较之下，狗和猫实在可耻：狗之贪食，恐怕动物中无出其右了。喂食的时候，人还没有走到食盆边，狗已摇头摆尾地先到，而且把头向空盆里乱钻。所以倒下去的食物往往都倒在狗头上。猫是上桌子的畜生，其贪吃更属可怕。不管是灶头上，柜子里，乘人不备，到处偷吃。甚至人们吃饭的时候，会跳上人膝，向人的饭碗里抢东西吃。一旦抢到了美味的食物，若有人追打，便发出一种吼声，其声的凶狠，可以使人想象老虎或雷电。足证它是用尽全身之力，为食物而拼命了。凡此种种丑态在我们的鸭子全然没有。鸭子，即使人们忘了喂食，仍是摇摇摆摆地自得其乐。这不是最可爱的动物吗？

助读交流

1. 作者是怎样写鸭子外形特点的呢？比如，"小得很，两只可以并排站在手掌上。"这句话是怎么写的？请你从文中再找一找描写鸭子外形的句子。

2. 作者为什么喜欢鸭子呢？请说说理由。

公鸡[1]

[法]布 封　樊彤 译

　　公鸡虽有翅膀，但太短，已经不能飞翔。清晨或黄昏，经常听到它高亢的叫声。它们一边叫一边四处刨土，寻找着可吃的东西。它们经常会吃一些沙子和小碎石，以此来帮助消化。喝水时，它们先是慢慢低下头，把水含在嘴里，然后仰起脖子一饮而下，甚是有趣。

　　公鸡身上最显眼的是它头上的鸡冠，就像一顶鲜艳柔软的帽子，软塌塌地戴在头上；它们尖尖的嘴巴下，有一对同样鲜红多肉的膜，很多人以为那是肉，实际上那是一种特殊的物质。

　　它们神态傲慢，眼睛却神采飞扬，经常迈着庄重稳健的步子在院子里昂首阔步地走来走去。现在我们经常形容一个人骄傲，会说他像一只骄傲的公鸡。挑选优质的公鸡，要看以下几点：眼睛有神采，鸡冠鲜艳有光泽，行走时或掉头时能随之摆动，体形

---

[1] 选自《自然史·动物篇》布封著，樊彤编译，河北少年儿童出版社，2015年版。

匀称健美，羽毛宽阔油亮紧实，腿粗短有力。要想得到纯种的鸡，就必须选择同一窝母鸡和公鸡，但如果想要改良鸡种，就得让各种鸡杂交。

公鸡堪称模范丈夫，经常耐心细致地照料母鸡。当母鸡烦躁不安时，它们也会跟着忧心忡忡。它们警惕性很高，时刻紧跟鸡群，尽职尽责地保护鸡群，并不时唤回远离鸡群的母鸡。一旦遇到危险，它会用急促的叫声首先发出警告，提醒所有母鸡保持警惕。进食以前，它们要确认所有的母鸡都在自己身边吃食，才能安心进食。它们会发出不同的叫声，其实那是在跟母鸡讲话。虽然它们很花心，同时跟好几只母鸡在一起，但不会因此而冷落任何一只母鸡，也会因母鸡的离去而伤心哀啼。它们的忌妒心很强，如果有公鸡闯入它们的地，或者招惹母鸡，它们会毫不客气地狠狠还击。这时它们会张起翅膀，竖起全身的羽毛，瞪大眼睛，和对手拼个你死我活，不把对手打败赶走誓不罢休。当对手灰溜溜地逃跑后，它们又会伸直脖子连续叫几声，似乎在庆贺自己的胜利，也像是在向母鸡们炫耀，最后才雄赳赳地昂首阔步，走出战场。

公鸡既不会生蛋也不会孵蛋，它们似乎只是为了延续后代而存在。一大群母鸡只需要一两只公鸡就够了，如果多了，公鸡会为了争夺母鸡打得头破血流。天一破晓，公鸡就会准时站在高处仰天长鸣，古人据此来判断时间，这可能是公鸡的另一大作用吧。

助读交流

1. 文中写了公鸡的哪些方面？其中，哪一点写得比较详细？

2. 本文作者布封是享誉世界的博物学家，他笔下的动物亲切自然又形象生动。读了这篇短文，你能为公鸡制作一张名片，并向你的小伙伴介绍一下这种动物吗？

猪和珍珠[①]

[法]儒勒·列那尔　苏应元　译

猪一放到草地,张嘴就吃,丑陋的嘴脸再也不离开地面。

他并不选择鲜嫩的草。他碰上什么咬什么。他盲目地向前伸着那永不疲倦的鼻子,既像是一把犁刀,又像是一只瞎眼鼹鼠。

他只关心使那个已经像只腌桶的肚子滚圆。他永远也不注意天气。

刚才,他的鬃毛差点儿在中午的太阳光下烧起来,但那有什么关系?而现在,低沉的云团充满雹子,正伸展着,向着草地倾泻,但这又有什么要紧?

不错,喜鹊在不由自主地展翅逃窜。火鸡都藏进篱笆,而幼稚的马驹子在一棵橡树下躲避。

但猪还是留在他吃东西的地方。

他一口也不放过。

[①] 选自《外国名家散文经典》,于文心编选,长江文艺出版社,1996年版。

他的尾巴摇晃着,照样显得非常惬意。

他浑身挨着飞雹,但只是偶尔咕噜一声:

"老是这些肮脏的珍珠!"

助读交流

作者对猪的态度是赞赏,还是厌恶呢?说说你的理由。

贼　猫[①]

[俄] 康·帕乌斯托夫斯基　　韦苇　译

就在这天傍晚，贼猫落网了。它从桌子上偷走一截杂碎灌肠，然后它叼在嘴里哧溜一下上了白桦树。

我们就猛摇白桦树。猫丢下了灌肠，"咚"的一声落在鲁维姆的头顶上。贼猫在上头用一种怪异的目光瞅着我们，"唬唬"地直对我们威吓不止。

但我们压根儿不怕猫的威吓，于是它采取了一个冒险行动。它发出一声可怕的狂叫，从白桦树上弹蹦下来，"砰"的一声落到地面，一着地就像个足球似的往上一跳，然后朝一座房子墙脚根溜去。

房子很小。它坐落在荒僻的、杂草丛生的园子里。每天晚上，我们都被树枝上的野苹果落在屋顶木板上的"砰砰"声所惊醒。

[①] 选自《点亮心灯：儿童文学精典伴读》，韦苇编著，复旦大学出版社，2019年版。选文有删减。

这房子里堆放着钓鱼竿、猎枪用的铅砂、苹果和干枯的树叶之类的东西。我们只在里头睡觉。白天，我们从天明到天黑都在数不清的河湾和湖边度过。我们在那里钓鱼，并在岩边的芦苇丛中燃篝火，够好玩的。

为了到达岸边，我们常常不得不从长得很高的春茅中踏出一条窄窄的小路来。春茅的花冠在我们头顶一摇晃，黄澄澄的花絮儿就撒满我们一肩。

傍晚，我们拎着一串串银光闪闪的鱼往回走，身上被太阳晒得火辣辣地炙痛，脸呀手呀都被野玫瑰的刺挂得血迹斑斑，一个个都精疲力竭了。可每次回来以后我们首先听到的却是关于红猫那流氓行径的新故事。

但是，贼猫今天终于跑不掉了。它从墙脚根唯一的一个狭窄的出入孔钻进了地窖里。除了这个出口，猫再没有可以外逃的通道了。

我们搂了一抱旧渔网，把出口给堵上，就开始窥视着。但是猫不出来，它只是令人厌恶地唬叫着，这声音仿佛是地下恶魔的狂啸。它不断地唬叫着，声音里根本听不出有一点倦意。

一小时过去了，两小时、三小时过去了……该到睡觉的时候了，但是猫还在墙脚根唬叫着，高嚷着，弄得我们不得安宁。

于是，我们只好去把连卡叫来。这个乡村鞋匠的儿子以大胆和机灵出名。大伙请他帮忙，把贼猫从地窖里拽出来。

连卡取过一根钓丝，把一条白天钓来的石斑鱼鱼尾拴到钓丝上，然后从出入孔丢进去，放入地窖。

唬叫声中止了。我们听见了鱼骨的碎裂声和贪婪的咀嚼声——猫的利牙咬住了鱼头。它死死咬住不放。连卡于是把钓丝往自己身边拉。猫拼命地撑着不肯出来，也不愿意放弃那条味儿鲜美的鱼。连卡比猫力气大。于是猫被一点点地往外拽。

过了分把钟，一个嘴里死咬着鱼的猫头露出了洞口。

连卡揪住猫颈皮，把它从地上提溜起来。我们这才第一次把这猫细细打量了一番。

猫眯缝着双眼，双耳紧贴着脸。猫尾紧紧靠着屁股，生怕被揪住似的。这会儿大家都看清楚了：尽管它常偷吃东西，原来还是这么瘦筋筋的，这分明是只无人照管的流浪猫，毛色火红，只有下腹有一些淡白色的小斑块。

我们把猫拎进了小贮藏室，让它吃了一顿丰盛的晚餐：烤猪肉、鲈鱼冻、煎奶渣饼和酸奶油。

猫吃了一个多钟头，然后才摇摇晃晃走出贮藏室，坐在门槛上洗脸，还用它那无赖的绿眼睛，一忽儿瞅瞅我们，一忽儿瞅瞅天空低垂的星星。

它洗过脸，鼻子呼哧呼哧了好一阵，再把头勾在地板上擦了一通。这模样一眼就能看见：它心头高兴。我们真担心，它后脑勺上的毛都要擦光了，不就变成秃顶猫了吗？

然后，它在地上打了个滚，逮住自己的尾巴咬了一通，吐了口唾沫，伸开四腿斜躺在火炉边，不一会儿就发出了均匀的鼾声。

从这天起，它就在我们这儿住下，也不再偷吃我们的东西。

助读交流

1. 贼猫东逃西窜，最后因什么被抓？尝试用思维导图把抓捕它的过程呈现出来，再讲讲这个有趣又耐人寻味的故事。

2. 从"流浪的贼猫"到"乖巧的家猫"，它为何会发生这样的转变？从中，你有怎样的体会？

最后一只猫[1]

刘亮程

我们家的最后一只猫也是纯黑的,样子和以前几只没啥区别,只是更懒,懒得捉老鼠不说,还偷吃饭菜馍馍。一家人都讨厌它。小时候它最爱跳到怀里让人抚摸,小妹燕子整天抱着它玩。它是小妹无数的几件玩具中的一个,摆家家时当玩具一样将它摆放在一个地方,它便一动不动,眼睛跟着小妹转来转去,直到它被摆放到另一个地方,还是很听话地卧在那里。

后来小妹长大了没了玩兴,黑猫也变得不听话,有时一跃跳到谁怀里,马上被一把拨拉下去,在地上挡脚了,也会不轻不重挨上一下。我们似乎对它失去了耐心,那段日子家里正好出了几件让人烦心的事。我已记不清是些什么事。反正,有段日子生活对我们不好,我们也没更多的心力去关照家畜们。似乎我们成了一个中转站,生活对我们好一点,我们给身边事物的关爱就会多

---

[1] 选自《一个人的村庄》,刘亮程著,春风文艺出版社,2013年版。

一点。我们没能像积蓄粮食一样在心中积攒足够的爱与善意，以便生活中没这些东西时，我们仍能节俭地给予。那些年月我们一直都没积蓄下足够的粮食。贫穷太漫长了。

黑猫在家里待得无趣，便常出去，有时在院墙上跑来跑去，还爬到树上捉鸟，却从未见捉到一只。它捉鸟时那副认真劲让人好笑，身子贴着树干，极轻极缓地往上爬，连气都不出。可是，不管它的动作多轻巧无声，总是爬到离鸟一米多远处，鸟便扑地飞走了。黑猫朝天上望一阵，无奈地跳下树来。

以后它便不常回家了。我们不知道它在外面干些啥，村里几户人家夜里丢了鸡，有人看见是我们家黑猫吃的，到家里来找猫。

它已经几个月没回家，早变成野猫了。父亲说。

野了也是你们家的。你要这么推辞，下次碰见了我可要往死里打，来人气哼哼地走了。

我们家的鸡却一只没丢过。黑猫也没再露面，我们以为它已经被人打死了。

又过了几个月，秋收刚结束，一天夜里，我听见猫在房顶上叫，不停地叫。还听见猫在房上来回跑动。我披了件衣服出去，叫了一声，见黑猫站在房檐上，头探下来对着我直叫。我不知道出了啥事，它急声急气地要告诉我什么。我喊了几声，想让它下来。它不下来，只对着我叫。我有点冷，进屋睡觉去了。

钻进被窝我又听见猫叫了一阵，嗓子哑哑的。接着猫的爪声踩过房顶，然后听见它跳到房边的草堆上，再没有声音了。

第二年,也是秋天,我在南梁地上割苞谷秆。十几天前就已掰完苞谷,今年比去年少收了两马车棒子,我们有点生气,就把那片苞谷秆扔在南梁上半个月没去理识。

别人家的苞谷秆早砍回来码上草垛。地里已开始放牲口。我们也觉得没理由跟苞谷秆过不去。它们已经枯死。掰完棒子的苞谷秆,就像一群衣衫破烂的穷叫花子站在秋风里。

不论收多收少,秋天的田野都叫人有种莫名的伤心,仿佛看见多少年后的自己,枯枯抖抖站在秋风里。多少个秋天的收获之后,人成了自己的最后一茬作物。一个动物在苞谷地迅跑,带响一片苞谷叶。我直起身,以为是一条狗或一只狐狸,提着镰刀悄悄等候它跑近。

它在距我四五米处蹿出苞谷地。是一只黑猫。我喊了一声,它停住,回头望着我。是我们家那只黑猫,它也认出我了,转过身朝我走了两步,又犹疑地停住。我叫了几声,想让它过来。它只是望着我,咪咪地叫。我走到马车从布包里取出馍馍,掰了一块扔给黑猫。它本能地前扑了一步,两只前爪抱住馍馍,用嘴啃了一小块,又抬头望着我。我叫着它朝前走了两步,它警觉地后退了三步,像是猜出我要抓住它。我再朝它走,它仍退。相距三四步时,猫突然做出一副很厉害的表情,喵喵尖叫两声,一转身蹿进苞谷地跑了。

这时我才意识到提在手中的镰刀。黑猫刚才一直盯着我的手,它显然不信任我了。钻进苞谷地的一瞬我发现它的一条后腿有点瘸。肯定被人打的。这次相遇使它对我们最后的一点信任都没有了。从此它将成为一只死心塌地的野猫,越来越远地离开这个村子。它知道它在村里干的那些事。村里人不会饶它。

助读交流

1. 我们家的最后一只猫为什么会变成一只野猫?与《贼猫》对比阅读,这两只猫的命运分别是怎样的?你有什么发现?

2. 作者虽然表面在写"最后一只猫"的故事,你是否从中感受到这个家庭的生存状态?这种双线并进的手法,带给你怎样的阅读感受?你喜欢吗?

狗[1]

[苏联] 高尔基　　黎华　译

　　……灰蓝的暮色薄纱似的笼罩着原野，从一整天被太阳烤炙了的土地上，散发着一股股闷热而温暖的气息。赤红的、忧郁的月亮缓缓地升起来，一朵乌云，形状像一条鱼，一动不动地贴在地平线上，正好切割开了月儿的圆面，月亮仿佛是一只盛满鲜血的大圆盘。

　　我走过田野，来到一座宁寂、沉睡的小城，我望见教堂圆尖顶上十字架的光辉渐渐暗淡、消失，迎面柔和地飘来低微的奇怪的音响，那是如同阴影一样几乎觉察不到的音响，而沿着幽暗的、尘土飞扬的道路上，一条狗在跑。它低垂尾巴，伸出舌头，摇晃着脑袋，不急不徐地径直向我走来；我见它时时抖动蓬乱成一绺一绺的毛。在它那不慌不忙的步伐中似乎有一种严重的、忧虑的神态，它的整个模样显得可怜、饥饿，——我觉得好像它下决心孤注一掷地要去干某件事情。我低声地吹了个回哨朝狗召唤。它哆嗦了一下，

---

[1] 选自《世界散文诗123首》，黎华编，百花文艺出版社，1992年版。

就坐到地上抬起头来，两只眼睛闪出敌意的光，它龇牙咧嘴，对我汪汪汪地发威吼叫。当我向前迈近一步的时候，它费劲地站起身子，眼光枯槁，嘶哑地狂吠起来，一面从道路上向田野急拐，然后重新前行，它不时还回头朝我望望，挥动两下布满牛蒡刺的扫帚尾。我目送它踽踽独行——它孤独地穿过原野，在静穆的薄明的远方，一直走向寒冷的、不祥的、红艳艳的月亮的圆面。

过了两三天，我又一次看到这条狗。它躺在沟壑边的灌木丛下，在它身上贪婪地飞旋着一群又大又黑的苍蝇，它们在它那失去光泽的眼睛上爬来爬去，还钻进它那张开着的嘴里，或者在它的丛毛间嗡嗡碰撞。狗伸长脖子，露出一副黄牙，它那灰暗而干枯的眼睛一动不动地眺望着城市的一角。空中疏疏落落地飘浮着片片白云，云朵在金色的阳光里熠熠闪耀，倒映的碎影在地面掠过似的滑动，这仿佛是天空和大地在作无声息的交谈。云影有时候遮盖住了狗的尸体，那时它的严峻的眼睛，眺望着远方、眺望着人烟稠密的城市的眼睛，变得愈加阴暗惨澹了……

我对着死去的狗感慨万千：

狗啊，你太值得赞美了！你本来同人们一起生活，如今却远离他们，为了能在孤独中死去。你不愿用你生前那种日趋溃灭的景象来凌辱人们，你生性倨傲，你不能容忍人们看到你，一条快乐、善良的狗，变成衰老、病弱、怯懦的寄生虫——只能靠对过去的回忆而生活，并靠人们所给予的难堪的怜悯苟延残喘。你值得赞美，因为你并没有倚老卖老地以嘶哑的、诳骗的吠声，使你的生命变得下流卑贱！你也并没有以无理性的、老朽待毙软弱无力的愤恨和愚蠢的怨言而使你的生命变得下流卑贱！狗啊，你确是值得赞美！

一个真正的智者应该及时地死去……狗啊，你值得赞美，因为你懂得自己的死期将临，就默默无声地离开了世界。你确是值得赞美！

哦，我多么希愿把我的赞美数说给众多岌岌垂危的人们听听，他们那朽腐的恬不知耻的气息使我们对生活感到厌恶不快，我多么希愿他们向你仿效，光荣的狗！

他们早已在自己心上盖上了死亡的印记，但却仍然在不断地呻吟哼叫，仍然在不断地胡言乱语，把那僵死的灵魂的恶臭的脓污流泻到我们头上……

狗啊，你值得赞美！

助读交流

1. 这是一只怎样的狗？

2. 查找资料，联系写作的时代背景，你觉得文中狗的命运和结局有什么象征意义？

飞鸟世界

不得不说,观察鸟类的一举一动,真是一件令人享受的事情。

如果人类能一直静观自然,不上前打扰或掠夺,那自然也会给人类带来妙不可言的回馈。

——保冬妮

导 读

　　这是一个神奇缤纷的飞鸟国度，我们认识了各种各样的鸟儿：燕尾鸥、小山雀，还有无名的鸟……它们的样子各不相同，有的像一片轻盈的柳叶，有的像一朵蓝色的大花，有的拥有动听的歌喉，有的擅长飞行；它们的个性鲜明，本领非凡，有的彼此相亲相爱，有的喜欢离群索居，有的习惯被圈养，有的不可驯服……它们为这个世界增添了无限美好和勃勃生机。

　　人类的目光总是不由自主地追随这些可爱的精灵，关爱、牵挂，渴望与它们成为朋友，无障碍交流，甚至成为知音，惺惺相惜，相看两不厌。当然，阅读这组文章，我们也要反省我们的动物观、自然观和生命观，是否真正尊重每一个独特的生命个体，是否给了它们真正的爱和自由……

柳叶莺飞来了[①]

徐 鲁

春风轻轻吹来，天气渐渐变暖，柳条儿悄悄吐出小小芽苞儿的时候，柳叶莺就像小小的绿色音符，快乐地跳动在柳枝间了。

它们的体形是那么娇小，小得就像一枚枚柳叶，如果不仔细观察，你也许根本就看不到它们；它们啼叫的声音也是那么轻轻的、细细的，如果不侧耳谛听，你也许根本就听不到它们"啾啾"的叫声。但是它们是报春的小鸟，好像在用低低的声音告诉我们说：

"春天来了……"

小时候我听家乡的老人叫它"柳芽儿"或"柳叶蛋子"，意思是说它们像刚刚萌发出来的柳芽儿一样娇小。有的书上也称它们柳叶鸟、柳叶莺，是黄莺类的一种。柳叶莺的体形比小麻雀还小呢！看上去真像是一片轻盈的柳叶。当它们停在柳条上时，一小

[①] 选自《果园里的小鸟》，徐鲁著，江苏凤凰少年儿童出版社，2017年版。

片柳叶就能遮住和庇护它们。它们的羽毛也是翠绿色的,和柳叶的颜色一样。它们喜欢不停地追逐、跳动,"啾啾"的叫声让人感到了一种自由和快乐。

小时候,我还看到过柳叶莺的小巢。

柳叶莺的小嘴十分灵巧,它能用马尾或柳枝之类的东西,把自己的小巢吊在树枝上,再把附近的一些柳枝和柳叶聚拢到一起,筑成一个小小的、像吊篮一样的小巢。小巢有一个拳头那么大,看上去十分隐蔽和安全,如果不仔细观察,你可能会以为那只是一小团枯叶之类的东西呢。柳叶莺就在这个小小的吊篮里,养育自己的鸟宝宝。

我没有看见过柳叶莺的蛋。我想,那一定也是小小的,顶多会像一粒花生米那么大吧?

小时候不懂得保护自然环境,我和小伙伴们曾用弹弓打过柳叶莺。现在想起来真是愧悔啊!小小的柳叶莺,就像在早春时节里跳动的绿色音符,向人类报告着春天的消息,我们每个人都应该尽力保护它们,不让它们受到任何伤害才对呢。

助读交流

本文写了柳叶莺的哪些方面，边读边在文中圈画出来，尝试完成下面的思维导图。

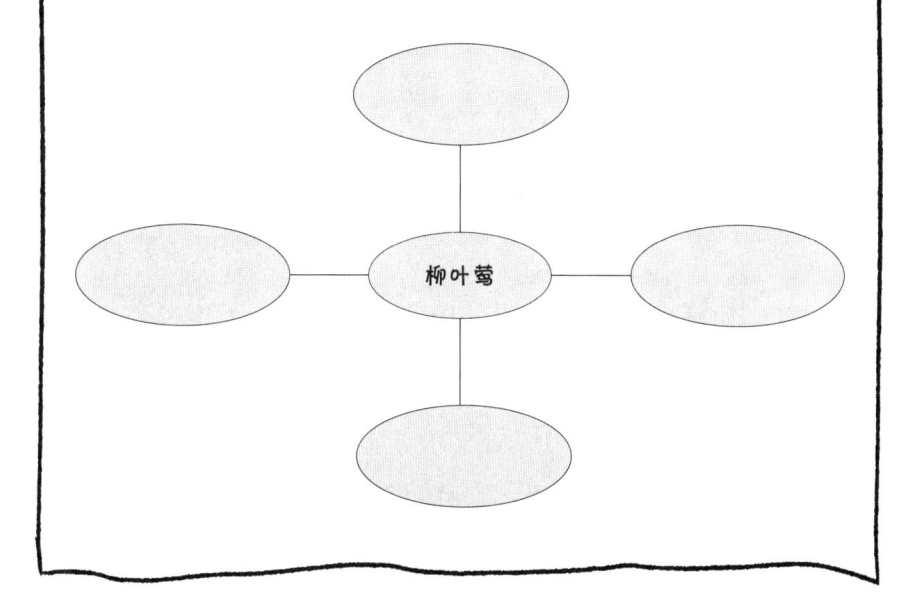

柳叶莺

文学里的鸟兽虫鱼

燕　子[1]

叶圣陶

　　燕子，如果拿在手里看，是很不漂亮的鸟儿。它飞行的时候却漂亮极了，那狭长的翅膀，那分叉的尾巴，都像由最高明的画家画出来的，没有一个姿势不美。

　　它有那样的翅膀和尾巴，它有一对非常敏锐的眼睛，它的项颈几乎短到没有，完全为着飞行的便利。再加上一张极大的嘴，老是张开在那里，只待食物自己投进去。这样，它就飞着吃，飞着喝，飞着洗浴，飞着喂它的儿女。

　　虽不像鹰那样能从空中直扑下来，燕子飞行却更为自由。它能旋转，旋转，旋转成不知多少个圈子，那路线是无定的，刻刻变化的。谁要想得到它，给它这样旋转又旋转，早就弄糊涂了；更兼精疲力尽，只好放弃了它。然而它还是一点没有疲倦。它靠着这

---

[1] 选自《开明国语课本》（高小第二册），叶圣陶编，中国少年儿童出版社，2011年版。

种无比的技术和能力，很容易地猎取那些老是飞着的东西，像苍蝇、蚊子、甲虫以及其他的虫豸。

燕子的脚极细小。如果停在什么地方，就得用细小的脚去抓住，把肚皮贴着那个地方。这是费力的事，而且很不自由；其时它便不如一只笨重的鸭子。所以它难得停下来。它和其他动物正相反背；其他动物休息时停止了活动，唯有它，不停地飞行才是它的休息。

燕子把它的窠做在高处，也为着飞行的便利。高处的窠是个最适当的出发点。它从那里像箭一般射出来，在广大的空中要怎样便怎样，何等自由，何等舒适。如果把窠做在低处，就没有这样方便了；因为要从一处地方飞跃起来，在它是很为难的。

助读交流

这篇文章几乎每段都围绕燕子的"飞行"展开，但读来，又让人了解了燕子的方方面面。认真阅读，揣摩这种写法的巧妙之处。

黄 鹂[①]

[印度]泰戈尔　　白开元　译

我疑惑这只黄鹂出了什么事，否则它为何离群索居。第一次看到它，是在花园的木棉树底下。它的腿好像有点瘸。

之后每天早晨都看见它孤零零的，在树篱上逮虫；时而进入我的门廊，摇摇晃晃地踱步，一点儿也不怕我。

它何以落到这般境地？莫非鸟类的社会法则逼迫它四处流浪？莫非鸟族的不公正的仲裁使它产生了怨恨？

不远处、窃窃低语的几只黄鹂在草叶上跳跃，在希里斯树枝间飞来飞去，对那只黄鹂却是视而不见。

我猜想，它生活中的某个环节，兴许有了故障。披着朝晖，它独个儿觅食，神情是悠然的。整个上午，它在狂风刮落的树叶上蹦跳，似乎对谁都没有抱怨的情绪，举止中也没有归隐的清高，

---

① 选自《泰戈尔散文诗全集》，泰戈尔著，华宇清编，浙江文艺出版社，1990年版。

眼睛也不冒火。

傍晚，我再也没看见它的踪影。当无伴的黄昏孤星透过树隙，惊扰睡眠地俯视大地，蟋蟀在幽黑的草丛里聒噪，竹叶在风中低声微语，它也许已栖息在树上的巢里了。

助读交流

1. 这是一只怎样的黄鹂？请在文中圈画出关键词。
2. 它独自觅食，却那么悠然，没有抱怨，没有归隐的清高，眼睛也不冒火……黄鹂的这种生活态度带给你什么启示？

翠 鸟[1]

[法]儒勒·列那尔　徐知免 译

今晚，鱼不上钩，但是我带回家一份不寻常的激情。

当我端着钓竿的时候，一只翠鸟飞来栖息在钓竿上。

没有什么鸟儿比他更光艳夺目的了。

仿佛一朵蓝色大花开放在细长的枝梢上。钓竿被他压得有点弯曲。我屏气静息，看到我的钓竿被翠鸟当作树枝，感到十分自豪。

我相信他的惊走不是因为惧怕，他只以为是从一个树枝跳上了另一个树枝。

> **助读交流**
>
> 　　边读边想象画面和意境："我"给鸟一根栖息的树枝，一份无所畏惧的安闲；鸟带给"我"激情、美好和自豪。

---

[1] 选自《自然纪事》，儒勒·列那尔著，徐知免译，人民文学出版社，2018年版。

晚霞与乌鸦[1]

萧 红

七月一过去，八月乌鸦就来了。

其实乌鸦七月里已经来了，不过没有八月那样多就是了。

七月的晚霞，红得像火似的，奇奇怪怪的，老虎，大狮子，马头，狗群。这一些云彩，一到了八月，就都没有。那满天红洞洞的，那满天金黄的，满天绛紫的，满天朱砂色的云彩，一齐都没有了，无论早晨或黄昏，天空就再也没有它们了，就再也看不见它们了。

八月的天空是静悄悄的，一丝不挂。六月的黑云，七月的红云，都没有了。一进了八月雨也没有了，风也没有了。白天就是黄金的太阳，夜里就是雪白的月亮。

天气有些寒了，人们都穿起夹衣来。

晚饭之后，乘凉的人没有了。院子里显得冷清寂寞了许多。

---

[1] 选自《呼兰河传》，萧红著，江西人民出版社，2019年版。标题为编者所加。

鸡鸭都上架去了，猪也进了猪栏，狗也进了狗窝。院子里的蒿草，因为没有风，就都一动不动地站着，因为有云，大昴星一出来就亮得和一盏小灯似的了。

乌鸦是黄昏的时候，或黎明的时候才飞过。不知这乌鸦从什么地方来，飞到什么地方去，但这一大群遮天蔽日的，吵着叫着，好像一大片黑云似的从远处来了，来到头上，不一会又过去了。终究过到什么地方去，也许大人知道，孩子们是不知道的，我也不知道。

听说那些乌鸦就过到呼兰河南岸那柳条林里去的。过到那柳条林里去做什么，所以我不大相信。不过那柳条林，乌烟瘴气的，不知那里有些什么，或者是过了那柳条林，柳条林的那边更是些个什么。站在呼兰河的这边，只见那乌烟瘴气的，有好几里路远的柳条林上，飞着白白的大鸟，除了那白白的大鸟之外，究竟还有什么，那就不得而知了。

助读交流

1. 在萧红的笔下，七月的天空和八月的天空有什么不一样的景致？

2. 读一读《呼兰河传》，感受这个小城特有的风土人情。

相亲相爱的燕尾鸥[1]

保冬妮

南广场岛的下午异常炎热,太阳暴晒。赤道的阳光毫无遮挡地倾泻在裸露的岛屿上,人如果不是站在仙人掌的树荫下,恐怕支撑不了多久。

趁着休息的时间,我观察到一对对燕尾鸥聚集在悬崖绝壁的阴凉处。繁殖期一到,它们喜欢成群结队地来加拉帕戈斯群岛[2]繁育后代;等到夏天结束后,它们又会迁徙到南美洲的西岸去越冬。

燕尾鸥的繁殖能力其实不强,一次只产一枚蛋,也许是为了能让后代更安全地长大,燕尾鸥专门挑选了人迹罕至的加拉帕戈斯群岛作为它们的繁殖基地。这里多数岛屿的地表都是灰黑色的火山岩,而燕尾鸥雏鸟的羽毛正好也是深灰色的,这有利于它们藏身,不被天敌发现。

我来到南广场岛的时间是2月初,正好是南半球的夏季。只见

---

[1] 选自《我到加岛寻怪兽》,保冬妮著,浙江少年儿童出版社,2023年版。
[2] 隶属厄瓜多尔,位于南美大陆以西1000公里的太平洋海面上。

岛上的悬崖边停满了燕尾鸥。雄鸟抬头挺胸，仪表堂堂；雌鸟小巧可爱，每一对都是相亲相爱的模样。它们的眸子异常明亮，而且喜欢用头部的动作来表达感情，与同伴交流。温顺的雌鸟会用头蹭着爱侣胸前的羽毛，用自己的喙轻碰爱侣的喙。得到"暗示"的雄鸟会张开嘴，衔着雌鸟的喙，一同飞向天空。这样的仪式不停重复，直到太阳西下。不得不说，观察鸟类的一举一动，真是一件令人享受的事情。除了在南广场岛的悬崖上约会、筑巢外，个别的燕尾鸥还喜欢在海湾处的仙人掌树下谈恋爱。它们彼此彬彬有礼、情意绵绵，人靠近时也不惊不飞，稳重大方。

我走近燕尾鸥的身旁，驻足观察。这些鸟中的"绅士"和"淑女"，都像是戴着灰黑色的礼帽，红色的眼圈配着它们暗色的脸庞以及粉色的腿脚，有一种恰到好处的别致。它们分叉的燕尾黑白交杂，优雅挺直；浑身的羽毛舒展平滑，洁净得找不出一丝杂色。那些已成为父母的燕尾鸥则会尽心尽责地为幼鸟寻找食物。我看到在海湾的礁石边，一身灰白色羽毛的燕尾鸥幼鸟一看到亲鸟回来，就急切地凑上前去，用喙亲着还没来得及收拢翅膀的亲鸟。

宁静、祥和的气氛笼罩在南广场岛的上空。如果人类能一直静观自然，不上前打扰或掠夺，那自然也会给人类带来妙不可言的回馈。

助读交流

文中哪些相亲相爱的场景打动了你？做上记号，简要批注感受，并读一读。

秋　鸟[①]

[日] 川端康成　　叶渭渠　译

少年时代，也许由于冬季总在故乡的山中逮小鸟的缘故，以致现在我的脑子里还留下这样的记忆：小鸟是冬季的飞禽。近来饲养小鸟，又总觉得不是从雏鸟喂养起就兴味索然。这些雏鸟多数是在晚春初夏才运到镇上的鸟铺来的，所以我就感到小鸟是这季节的飞禽。当然，驯小鸟可能有种种诀窍，不过只要从雏鸟开始饲养，也就不是特别困难的。不仅限于小鸟，所有幼儿也不知道什么叫做"怕"。我家的雏鸱[②]就同狗戏闹，有时用嘴拽着英国种小猎狗玩耍。不可思议的是，不论哪种鸟都害怕日本种柴犬。也许它们认出柴犬是供深山老林的猎人使唤的狗种吧。今年夏天，有七八只长得像鸭子的雏水鸟飞来我家的庭院，妻子逮到其中的四只，剩下的几只被邻居捕捉了。飞逃的一只，落在后面邻居家

[①]　选自《理论家写的小品文》，远方出版社，1998年版。
[②]　鸱（chī）是一种凶猛的鸟，鹞子。

庭院前的水池里。傍晚母鸟飞来把它带来了。翌日清晨,我在庭院里捡到一只雏鸟,把它放在帐子里逗弄,它满不在乎地停落在我的头上、手上。据说菊池氏饲养的小猴,寸刻不离地纠缠着他,入浴时也紧紧地抱着他的胳膊不放,弄得他无法好好洗澡。我的小鸟看起来已经驯熟,可我喂它,它总也不进食,无奈只好将它放进笼子里,就这么搁在屋顶或走廊上。它同母鸟不停地啁啾鸣啭,相互呼应。母鸟每天叼着食饵飞来,从鸟笼外面嘴对嘴地给它喂食。

闲话休提,书归正传。一读到俳句[①]的季语,我就觉得小鸟好像是秋天的飞禽。鹊鸟、山雀、小雀、白头翁、煤山雀、黄道眉、乌鸫等一般饲养的鸟,大都应是描写秋天的俳句素材。大概是秋天这季节,许多小鸟结群飞来乡间吧。我这样写,脑子里浮现出傍山的村落里的秋天景色,小鸟都是成群成群的。今年初夏,我弄到了伯劳鸟,可是仲夏的一个早晨,它的尖锐叫声打破了我的梦,我不由感受到秋意了。在一个季节里必然感受到下一个季节的来临。冬季总是孕育着春天。春季总是孕育着夏天。尤其是在海边,海面掀起三伏天的大浪,可以感受到秋之将至。伯劳鸟报秋也用不着惊恐,这当中也有回忆。我曾记得,有位老太婆告诉我祖父:将伯劳、草茎、青蛙或螳螂烤焦给孩子吃,身体就能长结实。所以我每次听到伯劳鸟的叫声就不由感到害怕。懂得了这个

[①] 俳(pái)句是日本的一种古典短诗,由中国古代的绝句经过日本化发展而来。季语是俳句中要求必须出现恰好能代表季节的词语。

之后，总觉得有一种幻灭感，故乡秋天稻子成熟，珍奇的鸟都不飞来，仿佛净是麻雀了。

助读交流

在作者看来，小鸟有时是冬季的飞禽，有时是春晚初夏的，有时又是秋季的。

你觉得小鸟是属于哪个季节的？为什么？

无名的鸟[1]

[美]约翰·缪尔　邱婷婷　译

我一直在设法和一只非常有意思的小鸟交朋友，它经常在瀑布和河面水流湍急处附近盘旋。从生理结构上看这不是一只水鸟，但它从水中捕食，而且从不离开溪流。它的爪上没有蹼，却能毫不畏惧地潜入旋转的湍流，显然是为了在水底觅食，它和鸭子、潜鸟一样，用翅膀在水下游泳。有时它蹚过浅滩，一次次地把它的头埋下去，像飞快的点头动作，欢快无比，明显是为了吸引人的注意力。它的体型和知更鸟差不多大，短小的翅膀适合飞翔和潜泳，中等大小的尾翼斜斜地向上长着，在它来回上下点头的时候，看上去有些像鹪鹩[2]。它的颜色是浅浅的蓝烟灰色，头部和肩部有一些棕色的羽毛。它在瀑布、湍流间飞来飞去，翅膀振动发出类似斑鸠振翅一般有力的声音。它顺着溪流的风向飞动，常

---

[1] 选自《夏日走过山间》，约翰·缪尔著，邱婷婷译，上海译文出版社，2014年版。题目为编者所加。
[2] 鹪鹩（jiāo liáo）是一种小型鸣禽，喜欢吃毒蛾等农林害虫。

常轻盈地驻足在水流中露出的岩石上,或者是搁浅的树枝上,鲜有时机它会停留在顶上干燥的树枝上,如果这树枝合适的话,它会像一般的鸟儿一样栖息一会儿。它奇怪又优雅的装模作样的样子真是难以想象,而且它还挺会唱歌。它的歌声甜美清澈,像画眉的歌唱,但稍微低沉一些,或者说不那么喧闹,跟它那活力四射的活泼外表毫不相称。在溪流最美丽的一段上,这只小鸟过着多么浪漫的生活呀。这里气候如此温润,头顶有阴凉的树荫,脚下有清凉的溪流,让夏日炎热烟消云散。听着溪流日夜不停的美妙歌声,它唱歌不好听才怪了。这小小的诗人的每次呼吸都是一段美妙的歌曲,因为这湍流和瀑布周围的每一点空气都融入这乐章。小鸟可能在出生之前就学会了歌唱,因为孵化之前的鸟蛋就已经应和着瀑布歌声在微微震动了。我还没有发现它的窝在哪里,不过肯定是在溪流附近了,因为它从来不离开溪水。

助读交流

"我"深深喜欢这只"无名的鸟",你感受到了吗?这种喜欢藏在哪些词句中呢?找出来,读一读。

小山雀[1]

[俄]普里什文　　韦苇 译

  我的眼睛里吹进了一粒细小的木渣儿。我才把它揉出来，另一粒细木渣儿又落进了我的眼睛里。

  我这时才发觉。这细木屑渣儿是风刮进我眼睛里的，它们从上面飘落下来，而我走着的小路在下风向，所以就纷纷扬扬飘进了我的眼里了。

  那么，风吹来的那一边一定有人在枯树上头砍斫什么东西。

  我逆着风，在被木屑渣儿铺成了白色的山间小路上走着，稍稍抬头，一下就看到两只小不点山雀。身子幽蓝幽蓝的，雪白的脖子上有两条漆黑的斑纹，颈毛蓬松着，它们蹲在枯树干上，用嘴壳不停地啄凿着，从腐朽的木头里找小虫子吃。它们干活的动作非常麻利，眼看着这两只小山雀往树洞里越凿越深。我用望远镜久久地观察着它们干活，直到当中的一只露出一截小小的尾巴。

---

[1] 选自《孩子们和野鸭子》，普里什文著，韦苇译，云南人民出版社，2020年版。

这时，我蹑手蹑脚地悄悄绕到树的另一边去，小步儿走近山雀翘出小尾巴来的那个地方，用手掌蒙住了树洞。小山雀在树洞里静静的，一动不动，仿佛一下子就死过去了。我把手掌移开，拿手指轻轻触碰它的尾巴，它依然一动不动；我再用手指在它的小背上轻柔地抚刮了一下——它趴着，还是像被打死了的一般。

而另外一只小山雀停在两三步远的小枝丫上，不住声地吱吱叫唤。不难猜想，它是在给它的伙伴出主意，让它静静趴着，别动弹。它定是在说："你趴着，别吱声，我在他旁边叫，等他来追我，我就飞开去，你可别发蒙，要抓紧时机逃掉。"

我并没有想要捉弄小鸟，所以就退到一旁，看接着会发生什么故事。那只自由的小山雀看见我并没走远，就提醒那只趴在洞里的小鸟：

"你最好还是继续趴着，别动，别吱声，他还站在近旁瞅着呢。"

于是我不得不耐心地站着，等着，观察着。我就这样久久地站着，直到那只自由的山雀不再用特别的声调喋喋地叽喳，我猜想，它一定是说：

"出来吧，他就是那么死站着，能拿他怎么办呀。"

尾巴不见了，脖颈上带条纹的小脑袋伸了出来。它叽地叫了一声，说：

"他在哪儿？"

"喏，那边站着哪，"自由的鸟儿也叽地叫了一声，说，"看见了吗？"

"啊，看见了！"那只受困的鸟儿说。

于是它冷不丁"嘟"一声飞出洞来。

它们只飞开几步远。它们准是急于要告诉对方：

"咱们来瞧瞧，他到底走了没有。"

它们站在一根高枝上。在那里，它们双眼直溜溜地对着我看。

"还站着哩。"一只说。

"就赖着不走呢。"另一只说。

说完，两只小山雀便飞开去了。

助读交流

读一读小山雀的对话，你觉得是什么让"我"拥有了"听懂"鸟语的能力？

绣眼与芙蓉[1]

赵丽宏

我曾经养过两只鸟，一只绣眼，一只芙蓉。

绣眼体型很小，通体披着翠绿的羽毛，嫩黄的胸脯，红色的小嘴，黑色的眼睛被一圈白色包围着，像戴着一副秀气的眼镜，"绣眼"之名便由此而得。

绣眼是江南的鸣鸟，据说无法人工哺育，一般都是被人从野地捕来笼养。它的动作极其灵敏，虽在小小的笼子里，上下飞跃时却快如闪电。它的叫声并不大，却奇特，就像从树林中远远传来群鸟的齐鸣，回旋起伏，变化万端，妙不可言。

那只芙蓉是橘黄色的，毛色很鲜艳，头顶隆起一簇红色的绒毛，黑眼睛，黄嘴，黄爪，模样很清秀。它的鸣叫婉转多变，如银铃在风中颤动，也如美声女高音。在晴朗的早晨，它的鸣唱就像一缕缕阳光在空气中飘动。

---

[1] 选自《赵丽宏散文精选》，赵丽宏著，浙江文艺出版社，2020年版。

两只鸟笼，并排挂在阳台上。绣眼和芙蓉能相互看见，却无法站在一起。它们用不同的鸣叫声打着招呼，两种声音，韵律不同，调门也不一样，很难融合成一体，只能各唱各的曲调。它们似乎达成了默契，一只鸣唱时，另一只便静静地站在那里倾听。

一次为芙蓉加食后，我忘记了关笼门，发现时已是一个多小时以后，想那笼子可能已经空了，却没想到，芙蓉依然在笼中欢快地高歌，全然无视洞开的笼门。更没想到的是，从此以后，绣眼的鸣唱声莫名其妙消失了，阳台上只剩下芙蓉的独唱，时而高亢，时而低回。

有一天，我突然发现，芙蓉的叫声似乎有了变化，它一改从前那种清亮高亢的音调，声音变得轻幽飘忽起来。那旋律，分明有点像绣眼的鸣啼。莫非是芙蓉在模仿绣眼的歌声来引导它重新开口？然而绣眼不为所动，依然保持着沉默。芙蓉执着地独自鸣唱着，而且唱得越来越像绣眼的声音。而绣眼不仅停止了鸣叫，还停止了那闪电般的上下飞跃。它只是瞪大了眼睛默默地伫立在那里，仿佛在回忆，在思考。它是在回想自己昔日的歌声，还是在回忆那遥远的自由时光？

日子一天天过去，芙蓉照旧每天欢歌，已多日无语的绣眼显得更落寞了，整日在笼中一声不吭，常常一动不动地伫立在横杆上。

助读交流

1."它的鸣叫婉转多变，如银铃在风中颤动，也如美声女高音。在晴朗的早晨，它的鸣唱就像一缕缕阳光在空气中飘动。"这一串比喻实在太美妙了，读一读，也学着写一写哦。

2. 芙蓉为何无视洞开的门洞？绣眼为何从此不再鸣唱？联系上下文，发挥丰富的联想和想象，尝试写出绣眼和芙蓉的"对话"。

白鹳飞去的那边[①]

程 玮

因为下了几场雨,海边花园里的草长得有点疯。我们奇怪花工奥斯特先生为什么不来剪草。剪草是他最喜欢的一项劳动。他坐在一个碰碰车那样的除草机上在花园里开来开去,开过的地方就是平平整整的一片绿草坪。可这次他说,暂时不能剪。因为小白鹳在邻居的地里练飞,剪草机的噪声会吓着它。秋天马上就到了,它的时间不多了,应该让它安心练习。

在距离我们花园直线距离二百米的地方,有一个水塘,水塘中间有一个小小的岛,岛上有一棵百年橡树,橡树上有一个白鹳的窝。白鹳受惊吓或者求偶的时候会发出咯咯咯的叫声,那声音在静谧的田野里传得很远。每年春天,当第一次传来咯咯叫声时,村里人都会很欣喜地说,听啊,白鹳回来了。所以奥斯特对白鹳这么知根知底,体贴关怀,让我一点也不奇怪。

[①] 选自《从容的香槟》,程玮著,福建教育出版社,2012年版。

奥斯特说，这只小白鹳本来一直跟妈妈住在橡树上的窝里。最近突然飞来一只强悍的白鹳，估计是小白鹳的爸爸。它是来教小白鹳飞翔的。邻居的地是很长很长的一条，像跑道一样，正好给小白鹳练习起飞和降落。奥斯特忧心忡忡地说，今年这只小白鹳开始学飞很晚，等大队白鹳南飞的时候，不知它的翅膀是不是已经强健？

我搬出地图，奥斯特给我指点白鹳南飞的线路。当凛冽的秋风刮起的时候，它们就会成群结队地往南飞。通常是，强壮的白鹳在前面开路和在后面压阵，中间是今年出生的小白鹳。首先，它们将穿越德国。这对小白鹳来说，是一个很好的适应长途飞行的机会。穿越德国以后，它们将飞越阿尔卑斯山。山上风云变幻，阴晴不定，这将是小白鹳面临的第一个考验。然后，它们将飞越意大利上空。这正是狩猎季节。能不能躲过意大利猎人的枪口，要看它们的运气，也要看它们的飞行技巧。在飞越了意大利以后，它们将穿越撒哈拉大沙漠。这是艰巨的路程，有时候接连好几天，没有水塘栖息，没有食物补充。这对它们是体力上的一个严酷的考验。在经历四千多公里的飞行以后，它们终于抵达温暖湿润的南非。它们在那里度过漫长的冬天，等待着春风给它们传达回归的信息。

我记起曾经看过的一个纪录片叫"迁徙的鸟"。这部片子的奇特之处在于，它完全是从鸟的视角拍摄了候鸟迁徙路途上的艰难和风险。影片的结尾处，在春天西伯利亚的一个农舍，一个孩子早上打开家门，看到去年的候鸟停息在门口。孩子惊喜地说，看啊，它又回来了！候鸟在孩子的抚摸下，温顺地闭上眼咕咕地低叫着。在孩子，这是旧友重逢。在候鸟，是穿越了九死一生的赴会。只可惜生活在同一个世界的鸟和人，无法真正去沟通。

我们在树丛后面，看着小白鹳一次次地起飞和着落。带着海洋气息的风轻轻吹拂过来，虽然还很温柔，但分明已经送来了秋天的气息。无缘无故，心里多了一份挂牵。

只希望小白鹳能早日练就强健的翅膀，只希望小白鹳飞去的那边，风和日丽，祥和平安。

助读交流

1. 找一找手边的地图，结合文意，试着标出白鹳的迁徙路线图。

2. 从文中，你读出了奥斯特和"我"对白鹳怎样的情感？你觉得，人与鸟，应该如何相处？

麻 雀[1]

冯骥才

这是群精明的家伙。贼头贼脑,又机警,又多疑,似乎心眼儿极多,北方人称它们为"老家贼"。

它们从来不肯在金丝笼里美餐一顿精米细食,也不肯在镀银的鸟架上稍息片刻。如果捉它一只,拴上绳子,它就要朝着明亮的窗子,一边尖叫,一边胡乱扑飞,飞累了,就垂下来,像一个秤锤,还张着嘴喘气。第二天早上,它已经伸直腿,闭上眼死掉了。它没有任何可驯性,因此它不是家禽。

它们不像燕子那样,在人檐下搭窝。而是筑巢在高楼的犄角;或者在光秃秃的大墙中间,脱落掉一两块砖的洞眼儿里。在那儿,远远可见一些黄黄的草,五月间,便由那里传出雏雀儿一声声柔细的鸣叫。这些巢儿总是离地很远,又高又险,在人手摸不到的地方。

---

[1] 选自《冯骥才散文》,冯骥才著,人民文学出版社,2022年版。选文有删减。

它们每时每刻都在躲闪人，不叫人接近它们，哪怕那个人并没看见它，它也赶忙逃掉；它要在人间觅食，还要识破人们布下的种种圈套，诸如支起的箩筐，挂在树上的铁夹子，张在空间的透明的网，等等，并且在这上边、下边、旁边撒下一些香喷喷的米粒面渣。还有那些特别智巧的人发明的一种又一种奇特的新捕具。

有时地上有一粒遗落的米，亮晶晶的，那么富于魅力地诱惑着它。它只能用饥渴的眼睛远远盯着它，却没有飞过去叼起来的勇气。它盯着，叫着，然后腾身而去——这因为它看见了无关的东西在晃动，惹起它的疑心或警觉；或者无端端地害怕起来。它把自己吓跑。这样便经常失去饱腹的机会，同时也免除了一些可能致死的灾难。

这种活在人间的鸟儿，长得细长精瘦，有一双显得过大的黑眼睛，目光却十分锐利。由于时时提防人，反而要处处盯着人的一举一动。脑袋仿佛一刻不停地转动着，机警地左顾右盼；起飞的动作有如闪电，而且具有长久不息的飞行耐力。

它们总是吃不饱，需要往返不停地奔跑，而且见到东西就得快吃。有时却不能吃，那是要叼回窝去喂饱羽毛未丰的雏雀儿。

雏雀儿长齐翅膀，刚刚学飞时，是异常危险的。它们跌跌撞撞，落到地上，就要遭难于人们的手中。更可怕的是，这些天真的幼雀，总把人料想得不够坏。因此，大麻雀时常对它们发出警告。诗人们曾以为鸟儿呢喃是一种开心的歌唱。实际上，麻雀一生的喊叫中，一半是对同伴发出的警戒的呼叫。这鸣叫里包含着惊心和紧张。人可以把夜莺儿的鸣叫学得乱真，却永远学不会这种生存在人间的小鸟的语言。

愉快的声调是单纯的，痛苦的声音有时很奇特；喉咙里的音调容易仿效，心里的声响却永远无法模拟。

如果雏雀儿被人捉到，大麻雀就会置生死于度外地扑来营救。因此人们常把雏雀儿捉来拴好，耍弄得它吱吱叫喊，旁边设下埋伏，来引大麻雀入网。这种利用血缘情感来捕杀麻雀，是万无一失的。每每此时，大麻雀总是失去理智地扑去，结果做了人们晚间酒桌上一碟新鲜的佳肴。

在这些小生命中间，充满了惊吓、危险、饥荒、意外袭击和一桩桩想起来后怕的事，以及难得的机遇——院角一撮生霉的米。

它们这样劳碌奔波，终日躲免灾难，只为了不入笼中，而在各处野飞野跑。大多数鸟儿都习惯一方天地的笼中生活，用一身招徕人喜欢的羽翼，耍着花腔，换得温饱。唯有麻雀甘心在风风雨雨中，过着饥饿疲惫又担惊受怕的日子。人憎恶麻雀的天性。凡是人不能喂养的鸟儿，都称作"野鸟"。

但野鸟可以飞来飞去；可以直上云端，徜徉在凉爽的雨云边；可以掠过镜子一样的水面；还可以站在钻满绿芽的春树枝头抖一抖疲乏的翅膀。可以像笼鸟们梦想的那样。

到了冬天，人们关了窗子，把房内烧暖，麻雀更有一番艰辛，寒冽的风整天吹着它们。尤其是大雪盖严大地，见不到食物，它们常常忍着饥肠饿肚，一串串落在人家院中晾衣绳上，瑟缩着头，细细的脚给肚子的毛盖着。北风吹着它们的胸脯，远看像一个个褐色的绒球。同时它们的脑袋仍在不停地转动，还在不失对人为不幸的警觉。

哎，朋友，如果你现在看见，一群麻雀正在窗外一家楼顶熏黑的烟囱后边一声声叫着，你该怎么想呢？

助读交流

1. 本文采用了"欲扬先抑"的手法，你觉得作者比较赞赏麻雀的哪些品质？
2. 麻雀的机警多疑是天性，还是因为人类对它们的抓捕？说说你的思考和理解。

野外生灵

其实，我们并不是这个星球上的唯一主人，我们只是这个星球上万物生灵中的一部分。明白这一点，也许我们可以变得谦卑一些。

——程玮

导 读

会飞的蜘蛛，喜欢潮湿的蜗牛，警惕的小蟹，野性、狡黠、冷酷、警惕又慈爱的春田狐，漂亮的松鼠，无忧无虑、相亲相爱的鹿一家，有灵气的大象……它们和人类一样，是万物生灵中的一员，是这个星球的主人，平等地生存在大地之上，享有一样的天空，一样的阳光，一样的日出日落，一样的风霜雨雪。

当蜗牛从容地爬过，留下银光闪闪的轨迹；当鹿群可以在你的夏夜花园里安静坦然地玩耍，轻捷地跳跃，尽情长久地舞蹈；当松鼠在你门前的大树上栖居；当大象和你一起嬉戏……没有惊恐和逃离，没有抓捕和杀戮。那时候，人类便也可以更自由、坦荡、从容地生活在大地之上，和自然融为一体，与世间万物美美共生。

会飞的蜘蛛[1]

[苏联]维·比安基　苏玲　译

没有翅膀，怎么能飞？

那就想点办法！瞧，几只小蜘蛛变成了飞行器驾驶员。

小蜘蛛从肚子里吐出细细的蜘蛛丝，把它挂在灌木丛枝上。风吹拂着细丝，一来二去，蜘蛛丝并没有扯断。它可像蚕丝一样结实！

小蜘蛛掉到地上，蜘蛛丝从树枝上垂到了地面，在空中飘荡。小蜘蛛坐着，继续织着网。它把自己捆在了里面，身体像一个被丝线缠绕的线团，而线团越织越大。

蜘蛛丝越来越长，风的力量也越来越大了。小蜘蛛用脚稳稳地抓着地面。

一，二，三！蜘蛛迎风跃起。它咬断了树枝上的蜘蛛丝并挂在了丝的末端。

---

[1] 选自《森林报·夏》，维·比安基著，苏玲译，人民文学出版社，2017年版。

再一个跳跃，小蜘蛛离开了地面。借助风力，它飞起来了。它很快解开身上的丝！

一个空心气球升起来……它在草丛和灌木丛上空高高地飞着。

小蜘蛛从上面往下看，哪里可以降落呢？这边是森林，那边是小溪。那就再往前，往前！

前方出现了一小块空地，一群苍蝇围着一堆牲口粪嗡嗡地飞着。停！降落！

小蜘蛛把蜘蛛丝缠在自己的身下，用脚把它团成一个小球。空心球越来越低……

准备，降落！

蜘蛛丝的末端紧紧抓住了一根草秆，它着陆了！很多小蜘蛛就这样带着它们的气球在空中飞着。这种事常常发生在秋高气爽的好天气，也就是乡下的人们常说的"秋老太"的时候。蜘蛛丝就像秋天的白发，闪着银色的亮光……

助读交流

这篇文章像一部微型动画片，让我们看到了蜘蛛神奇的飞行和降落过程。耐心细致地观察，然后，用放"慢镜头"的方式，把你看到的场景写下来，文字就能像动画片一样引人入胜了。

蛛网上的谜①

宗介华

不知什么时候，我家北屋的房角上扯起一张大大的蛛网。网被几根长长的蛛丝拉扯着，里边盘着一道一道的圆圈。微风来，缓缓抖动，阳光一照，折射出亮光，很是好看。慢慢地，我便对它产生了兴趣。

太阳慢慢滑进了山后，西边的天空上铺满艳艳的晚霞。我悄悄地蹲在墙角，看着蛛网出神儿。

网心已经粘上了不少的小飞虫。开始，飞虫还想挣脱，可挣了一阵，便不动了，我猜想，蜘蛛的网一定是很黏的。

可是，我又纳闷了，网上已经有了猎物，织网的主人为什么不快来进餐呢？它又躲在什么地方呢？

圆圆的月亮升起来了，大地上洒满如水的光。

---

① 选自《四季读不停：会飞的伙伴》，宗介华著，湖南少年儿童出版社，2014年版。选文有删减。

忽然，墙洞口先是出现一个栗子大的圆球球。很快，球球向网心滚来了，虽然看不清它怎样吞食，但凭借朦胧的月色，我发现蜘蛛吃得很香甜。

姑姑看见了，过来告诉我，蜘蛛是节肢动物，世界上约有四万种。小蜘蛛生来就有织网的本领，但成蛛织网则全由雌蛛来承担了。不同的雌蛛织的网也不同，有圆形的，有三角形的，有多边形的，尽管各式各样，但都是十分精巧的……

不知是我们的谈话惊动了网上的小家伙，还是别的什么原因，没等我把它看真切，蜘蛛又顺着原路回到墙洞里边去了。

第二天，天刚蒙蒙亮，我就跑出屋，又来看蛛网了。

网上干干净净的，连点飞虫的残痕也没有。我真有些奇恪为什么一只小小的蜘蛛，竟有那么大的食量？

猛地，我心中产生了一个念头，蛛网到底能有多大的黏性呢？应该试一试。

于是，我搬来凳子，登了上去，伸手慢慢地去触摸网上的丝。呀，蛛网果真是很黏的。手指刚刚触及，就像磁铁吸针那样，紧紧挨在了一起。轻轻挪开手指，蛛网也向前跟去、跟去……兴许到了蛛网延伸的极限吧，突然，蛛网脱开手指，弹了回去，又晃了几下，才慢慢恢复了原来的平静。想不到小蜘蛛拉的丝结的网，竟有这么大的黏性，怪不得小飞虫撞上就脱逃不得呢！

我对蛛网的兴趣更加浓了。

这时，我又想起了一件事，就赶忙跳下凳子，捉来一只苍蝇，把它向蛛网上扔去。你猜怎样？苍蝇立刻被网粘住了。狡猾的苍蝇抖动双翅，拼命地挣扎，但无论如何也不能脱身。也就在这时，只见躲在墙洞的蜘蛛顺着那根又长又亮的蛛丝跑来了。

我猜想，准是隐在暗处的蜘蛛一直在窥探网上的动静，一旦发现了目标，就立刻出击擒敌了。开头，苍蝇锐气未减，不多时，苍蝇被一些细细的丝缠得无法动弹了。直到这时，机敏的蜘蛛好像松了一口气，接着就不慌不忙地吃起来。苍蝇顿时变成了蜘蛛的腹中食，看了实在令人愉快。小蜘蛛像是吃得高兴了，又像感激我似的，拖着占全身三分之二的椭圆形的大肚子，摆动着八条灵巧的腿，在网心里悠然自得地爬着、爬着……

助读交流

1. 拥有好奇心，从问"为什么"开始。面对蜘蛛网，"我"产生了哪些疑惑？

2. "我"是如何一步步探究蛛网上的秘密的？有了哪些特别的发现呢？

蜗 牛[1]

[法]蓬 热　　程依荣 译

　　与以热灰为家的未燃尽的煤屑相反，蜗牛喜欢潮湿的土地。它们全身贴地往前走。它们身上带着泥土，泥土是它们的食物，也是它们的排泄物。泥土穿过它们的身体。它们穿越泥土。这是情趣奥妙的相互渗透，因为可以说这是同一颜色的深浅的变化：其中一个是积极成分，一个是消极成分，消极成分围绕、喂养积极成分，而积极成分边移动边进食。

　　关于蜗牛，还有许多别的话要说，首先，它自身的湿润。它的冷血。它的延伸性。

　　此外，我们无法想象一只抛开背上甲壳而静止不动的蜗牛，它休息时立即将身体缩进壳内。相反，由于腼腆，它一露出那赤裸的身体，一露出它脆弱的外形，就赶紧往前运动，刚一暴露就迅急前进。

---

[1] 选自《禽兽为邻》，谢大光主编，百花文艺出版社，2014年版。

干燥的季节，它们隐居在壕沟里，而且它们的存在似乎有助于居住地的潮润。那儿，也许有其他冷血动物与它们为邻，如癞蛤蟆、青蛙。可是，它们离开壕沟采用不同的方式。蜗牛更有资格住在那儿，因为它离去时要付出更大的代价。

然而要记住，它们虽然喜爱潮湿的土地，但并不喜欢那泽国的湿土：如沼泽、池塘。它们当然更喜欢坚实的土地，但这种土地必须是肥沃和湿润的。

它们也爱吃蔬菜和水分充足的绿叶植物。它们懂得挑选最嫩的叶子，食后仅仅留下叶脉。比如，它们是蔬菜的大患。

它们待在壕沟底干什么？它们喜欢那儿的环境，但那儿终不是久留之地。它们是壕沟的常客，但它们向往浪游的生活。而且它们在沟底和在泥土的小径上一样，背上的甲壳依然使它们显得矜持。

当然，到处背着这样一个壳儿确实是个累赘，但它们并不抱怨。相反，它们把这当成一件幸事。无论走到什么地方，它们随时可以躲进自己家里，使那些居心叵测的人无可奈何。这实在是一种可贵的长处，为此付出代价完全值得。

它们由于有这个能耐、这个方便而洋洋自得。我是一个如此敏感、如此脆弱的生命，怎么能够固若金汤，不怕那些讨厌的东西的袭击，享受幸福和安宁？于是，这背上的掩蔽所应运而生。

我如此紧紧地附着于地面、如此令人怜悯、如此缓慢、如此一往直前、如此有本事离开地面缩进我的家屋，我还有什么忧愁？任你把我踢到什么地方，我有把握在命运放逐我的土地上重新站立起来，重新附着于地面，而且在那儿找到我的饲料——泥土，这最普通的食粮。

啊，当一只蜗牛是多么幸福、多么快活！它还用自己的流涎在它接触过的一切东西上面留下印记。它身后是一道银光闪闪的轨迹。

蜗牛是孤独的，的确如此。它的友人寥寥无几。可是，为了生活得幸福，它并没有这种需要。它同大自然如此亲密地黏附在一起，它如此亲切地享受大自然的恩宠；它是它所拥抱的土地和菜叶的朋友；它是天空的朋友。它骄傲地抬起头颅和那双敏锐的眼珠：高贵、从容、睿智、自豪、自负、骄傲。

请不要说蜗牛在这方面和猪相似。不，它没有那种平庸的小脚、那种惴惴不安的碎步小跑。

助读交流

1. 读了这篇文章，你对蜗牛多了哪些了解？它身上有什么值得你学习的品质？

2. 很多时候，作者把自己的感受投射到蜗牛身上，你喜欢这样的写法吗？

松 鼠[①]

[法]布 封　　范希衡 译

松鼠是一个漂亮的小动物，只能算是半野生的，并且，凭着它的乖巧，凭着它的驯良，即使是单凭它的生活习惯的天真，也都是不应该加以伤害的：它既不是肉食兽类，又无害于人，虽然有时它也捕捉鸟雀；它的食料通常是果实，杏仁、榛子、榉实和橡栗。

它整洁，灵动，活泼，非常敏捷，非常机警，非常有技巧。它的眼睛是闪闪有光的，面相是清秀伶俐的，身体是遒劲矫健的，四肢是十分轻快的。它那副玲珑的小面孔衬上一条帽缨形的美丽的尾巴，显得格外漂亮，而它那尾巴老是直翘到头上，它就在尾巴底下躲阴凉。我们可以说，它最不像四足兽了。它通常都是坐着，差不多是直竖着身子坐着，用它的前爪，和用手一样，向嘴里送东西吃。

[①] 选自《动物肖像》，布封著，范希衡译，北京出版社，2017年版。

它并不隐藏在地底下，却经常是在空中。由于轻捷，它很接近鸟类。它也和鸟儿一样，住在树顶上，满树林跑，从这棵树跳到那棵树，它也在树上做窝，摘果实，喝露水，只有树被风刮得太厉害了，它才下到地上来。人们在田野里、在无庇荫的光地上、在平原地区是找不到它的。它从来不接近人的居宅，它绝不待在小树丛里，它只欢喜高树林，住在最雄伟的老树上。它怕水比怕土还厉害，有人言之凿凿地说，它要过水的时候，就用一块树皮当作船，用自己的尾巴当作帆和舵。它不像山鼠一到冬天就僵蛰，它经常是十分警觉的，它住的那棵树，只要有人稍微在树根上触动一下，它就从它的小窝里跑出来，逃到别的树上去，或者溜到树枝底下藏起来。

它夏天拾榛子，满满塞到老树的空心和缝隙里，留到冬天受用；它也在雪底下找榛子，用爪子扒着，把雪翻开。它的叫声很响亮，比黄鼠狼的声音还要尖些。此外它还有一种闭着嘴的喃喃声，一种不高兴的恨恨声，每逢人家触恼它时，它就发出这样的声音来。它太轻快了，不能一步一步地行走，所以它通常总是小跳着前进，有时也连蹦带跑；它的爪子是这样锐利，动作又是这样敏捷，一棵皮面很光滑的山毛榉，它一忽儿就爬上去了。在夏天的晴明之夜，我们可以听到松鼠在树上跳着叫，彼此互相追逐；它们仿佛怕日光的强烈白天，它们待在窝里躲阴凉，晚上就出来练习跑，玩耍，吃东西。

它们的窝是干净的，暖和的，雨淋不进去的，通常是做在树枝的分叉处；它们先搬些小木片，错杂着放在一起，再用一些干苔藓编扎起来，然后把苔藓挤紧，踏平，使它们的建筑物有足够的容量，足够的坚实，可以带着儿女在里面住着，既舒适而又安全。窝只朝上开一个小口，端端正正，很狭窄，勉强可以进出，窝口上面又有一种圆锥形的盖，把整个的窝遮蔽起来，使雨水向四周流去，不落进窝里。

松鼠通常一胎生三四个小的。它们出了冬就换毛，毛呈灰褐色，新换的比脱落的颜色深些。它们用指爪和牙齿梳刷自己，摸抹自己，抹得光滑滑的；它们很干净，没有任何坏气味；肉相当好吃，尾毛可以制画笔；但是皮不能制成很好的裘裳。

助读交流

1. 本文写了松鼠的哪些方面？尝试画一幅思维导图。借助你的思维导图想一想，在写自然笔记的时候，怎样才能对一个动物了解得如此详细呢？

2. 与语文教材上的《松鼠》一文相比，你更喜欢哪一篇？为什么？

松鸡救崽[1]

[加] E.T. 西顿　夏欣茁　译

这一天，松鸡妈妈领着她的小宝贝们下了山，打算到溪边去。不知道为什么，奇怪的人类给这条清澈的小溪取了个名字叫"小泥湾"。尽管出生才刚一天，但松鸡宝宝们已经能够一溜儿小跑地跟在妈妈身后了，这是他们第一次到小溪来喝水。

树林里到处都可能有敌人在埋伏，所以松鸡妈妈必须猫着腰缓慢地前进。她一边走一边轻柔地咕咕叫，敦促着这些满身斑点的小家伙们快快跟上。她丝毫不敢放松，哪怕有一只小松鸡落后了几步，她都会立刻发出温柔的提醒。这些小宝贝们实在太娇弱了，如同一团团长着粉红色小脚的小毛球，就连小巧玲珑的山雀和他们比起来，都显得高大威猛。松鸡妈妈全神贯注地保护着她的十二个心肝宝贝，不放过巡视每一寸草丛和树后，甚至连头顶

---

[1] 选自《西顿动物记》，E.T. 西顿著，夏欣茁译，上海译文出版社，2018年版。选文有删减。标题为编者所加。

和脚下都没忽略。她知道在这片森林里,松鸡的朋友寥寥无几,敌人却是比比皆是。果然,说敌人敌人就到,就在不远的地方一只邪恶的狐狸正在悄悄逼近。他马上就要发现松鸡妈妈他们了,再不躲起来就来不及了。

"有危险,快躲起来!"松鸡妈妈发出了警报,只比橡果大不了多少的小宝宝们立刻四散躲藏(可惜他们腿太短了,跑不快)。他们有的钻到了树叶下,有的藏在树后,还有的进了树洞,最后只剩下一只小松鸡无处可逃,他干脆把眼睛一闭躺在了一片树皮上,小家伙天真地以为这下子自己就安全了。所有的小松鸡们都屏住了呼吸,一动也不敢动。

与此同时,松鸡妈妈却勇敢地朝那只狐狸走去。在距离敌人几步之遥的地方她停了下来,接下来发生的事情简直匪夷所思——她先是一头倒在地上,接着拼命地拍打翅膀,还像只小狗一样发出可怜的叫声,仿佛不小心摔断了腿似的。难道她是在博取敌人的怜悯吗?一贯冷血无情的狐狸会放过她吗?如果你这样猜的话可就大错特错喽!别看狐狸平时狡猾得不得了,但是和松鸡妈妈相比,他就变成了笨蛋一只了。正当狐狸以为天上掉下了馅饼的时候,他就中了松鸡妈妈的计。他想都没想就朝她扑了过去,抓到了——不,就差一点儿!该死的松鸡莫名其妙地就躲过了他的爪子。但这纯属意外,所以他再度出击,本以为这一次必定可以得手,结果又没抓到,都怪那根树枝挡路,叫笨松鸡有机会躲到了树后。狐狸咬牙切齿地又扑了过去。这一次他惊讶地发现松鸡妈妈那貌似断了的小腿突然复原了,而且还跑得飞快,眨眼间就跑到河边去了。狐狸当然紧随其后，又是差一点儿，只差那么一丁点儿，他就抓住她的尾巴尖儿了。他实在搞不懂，自己明明每次都很有把握，怎么总在关键时候被她逃脱呢？要知道他可是大名鼎鼎的飞毛腿啊！怎么却连一只受了伤的松鸡都搞不定呢？说出去的话实在太丢人啦！可是眼前的这只松鸡却好像越跳越来劲儿，一眨眼的工夫就把他甩出了一里地远。不知不觉间，狐狸已经远离了小松鸡们躲藏的地方。此时松鸡妈妈的脚再也不瘸了，翅膀也好好的，她鄙视地看了一眼敌人，转身就飞进了树林，剩下狐狸傻呆呆地愣在那里，发现自己又一次被松鸡妈妈给耍弄了。他很想知道，为什么自己总是不长记性呢？这样的亏他不知道吃了多少次了，可每次还是不由自主地上钩。

助读交流

松鸡妈妈为救小宝宝们，智慧地引开狐狸，整个过程险象环生，惊心动魄，读来酣畅淋漓。这么精彩的场景，试着把它编成故事，讲给小伙伴们听一听！

春田狐的故事[1]

[加] E.T. 西顿　　夏欣茁　译

　　经过一个早上的搜索，我们终于在松树林里发现了一个崭新的小土堆，这肯定是因为挖地道而形成的，不过我们却没找到任何地洞的踪迹。众所周知，真正高明的狐狸会把地洞里的泥土都堆在最初开凿的那个洞口附近，然后把地道的尽头修在极为隐蔽的树丛里，最后再把原来的入口永久地封死，从此只从树丛里的那个洞口出入。

　　于是我们绕到了山坡的另外一边去寻找，果然在那里发现了真正的洞口以及狐狸幼仔存在的证据。

　　这附近的山坡上除了有低矮的树丛之外，还有一棵空心的椴树，倾斜得很厉害，靠近树根的地方有一个大洞，再往上还有一个小一点儿的洞。

---

[1] 选自《西顿动物记》，E.T. 西顿著，夏欣茁译，上海译文出版社，2018年版。选文有删减。

我们小的时候，经常在这棵树上爬上爬下。为了方便攀爬，我们还在树干上砍了好几个豁口。如今，这些落脚点又派上了用场。第二天阳光明媚，我一大早就爬到了树上，居高临下地观察起我的"邻居"来。果然，从窝里跑出来四只小狐狸，有趣的是他们看上去更像是小羊羔，大概是因为那满身的厚绒毛和长长的小胖腿，再加上一副懵懂无知的神情。可是如果你仔细观察他们那尖尖的小鼻子，还有滴溜乱转的小眼珠，就会意识到这些纯真都是假象。

那一天，他们先是四处玩耍，然后晒了日光浴，偶尔相互追逐打闹。突然，一个非常轻微的响动把他们全都吓回了洞里。结果只是虚惊一场，原来是妈妈回来了，她还带回了一只肥肥的母鸡——如果我没记错的话，这应该是我们家丢的第十七只鸡了。她的一声呼唤让这些小家伙们争先恐后地跑了出来，接下来发生的一幕让我觉得颇为有趣，但是作为母鸡的主人——我叔叔如果看到这种场面恐怕肺都要气炸了。

首先，小狐狸们一拥而上，争着去围攻母鸡，而他们的妈妈则在一旁站岗放哨，同时饱含怜爱地看着自己的小宝贝们开心大嚼。狐狸妈妈的表情真是让人叹为观止，因为她的脸上虽然写满疼爱，但双眼却丝毫没有丧失狐狸的野性和狡黠，不经意间还会流露出冷酷而又警惕的神情。不过总的来说，此刻的她还是更像普通的母亲那样脸上洋溢着慈爱和自豪的光辉。

好在我所藏身的椴树脚下被灌木丛所环绕，而且地势很低，让我得以来去都不惊动这些狐狸们。

助读交流

1. 第六段中，狐狸妈妈对待小狐狸的情感和态度，你觉得熟悉吗？试着回忆一下松鸡妈妈的故事。

2. 这只春田狐偷了"我"家十七只鸡，"我"为什么还不去"惊动"它们一家？

静夜鹿舞[1]

程 玮

夏夜的花园里,烧烤的炭火还在余烟缭绕。它们就悄悄地来了。

这是一个四口之家,鹿爸鹿妈和两只小鹿。它们是我们花园的常客。它们一般在清晨或者傍晚出现。它们最喜欢吃的,是花园里新鲜的青草和树上掉落下来的苹果。它们偶尔也允许我们远远地照相。但如果走得太近,它们就会一溜烟地跑开。

也许因为风向,它们闻不到我们的味道。也许,我们在遮阳篷底下,在月光的阴影中,它们看不到我们的存在。它们以为自己是夏夜里这个世界唯一的存在。在距离我们不到五米的地方,这一家安静坦然地玩耍起来。银白色的月光下,它们时而很轻捷地跳跃着,时而很亲昵地互相舔舐着。看上去就像童话电影里的情景。

---

[1] 选自《从容的香槟》,程玮著,福建教育出版社,2012年版。

我们一家停止了交谈，一动不动地在原地坐着，看着这个无忧无虑、相亲相爱的家庭。因为我们之间的距离是那么近，感觉上就好像我们未经许可闯进了它们家里，正窥视着它们一家的私生活。

月光下的草地，就像一个灯光清明的舞台，任它们尽情地长久地舞蹈。十几分钟以后，在鹿爸爸的带领下，它们像最有教养的演员一样，不慌不忙地绕花园一周进行谢幕，然后从容地消失在树木的阴影中。

万籁俱寂，星光闪烁，心里突然有一份感慨。

在鹿的感觉中，这是一个属于它们的世界。因为它们远比我们更熟悉这花园里的每一棵树、每一朵花。可是，它们不知道，这个世界其实根本不属于它们，而属于比它们更高一等的"动物"。

"高等动物"之所以不愿意惊动它们，是希望能够更近距离地欣赏它们、观察它们。他们知道，他们的一抬手，一起身，对它们来说，就如同强敌压境，灾难临头。它们没有任何别的抵抗手段，只有逃跑。

可我们人类又比它们高明到哪里呢？

我们也一厢情愿地以为这个世界属于我们。可我们并不知道这个世界是从什么时候开始，到什么时候结束？我们也不知道，我们从哪里来，要到哪里去？我们混混沌沌一无所知，却以为，我们是天地之间唯一的主人，我们可以为所欲为。

有谁能说清，就在我们居高临下地欣赏和观察鹿舞的时候，我们自己是不是也正在被更高一等的生灵在欣赏和观察着呢？我们人世界的喜怒哀乐，生老病死，在它们的眼里，是不是也就像我们看鹿舞一样，只是一场别有情趣的秀呢？

其实，我们并不是这个星球上的唯一主人，我们只是这个星球上万物生灵中的一部分。明白这一点，也许我们可以变得谦卑一些。

助读交流

文中的哪些场景深深触动了你？哪些话语引发了你对人与动物相处模式的思考？

大象与我[1]

刘先平

热带雨林中别说有沼泽地、毒蛇、猛兽可怕，就是那些树呀，花呀，藤藤蔓蔓的，你不知它们的脾性，惹了它，也会叫你吃尽苦头。你一定听说有种树叫见血封喉的，过去我们用它的树浆制造毒箭；还有种草的叶子，只要你碰了它，疼得你像无数根针扎的一样……

有次我从山上跌下来，昏死过去。不知过了多少时候，突然感到脸上身上有凉水洒来，睁开眼一看，似是躺在一个黑乎乎的崖宕里……不对，上方树缝里有阳光筛下来，那雨水是……又是一阵雨淋下，是个黑管子洒的……我一下惊得坐了起来：是象鼻。

三四头大象正静静地围在我的身边。有只母象正在为我洒水。啊！是它们救了我！心里不禁想起了"盲人摸象"的故事，它

---

[1] 选自《谁在西沙海底狩猎》，刘先平著，四川文艺出版社，2021年版。此篇为节选，题目为编者所加。

们实在太大太大了,站在你面前就像是一堵墙、一座山。

在森林里,我从来没找过大象的麻烦,但听说它们也不太愿意与别人打交道,所以尽管见过几次大象,都是敬而远之。说实话,我打猎可从来没有打过大象的主意。乡亲们都说大象非常有灵气,多远就能猜出你的心思,感觉到你是好人还是坏人。也不能说我一点坏事没做过,打猎杀生,对大象来说,就是头等坏事。听说它们对死人很同情,总是要把他埋得好好的。刚才是不是为了试试我是死的活的,才愿意救我吧?即使是这样,我仍然一动也不敢动,它们毕竟是森林中的大人物!说实话,当时眼前围的是大象,脑子里也被大象塞得满满的,连伤痛都没感觉到,不知它们将怎样处置我……

有头幼象挺着刚长出不到半尺的象牙,走到我的眼前,用鼻子好奇地在我脸上、手上摸来摸去。那两只尖牙像两把利剑在我面前晃动。看我一动不动,小象更是不安生,挪动着脚步……天哪,即使不用牙戳我一下,只要脚踩到我身上,不是皮开肉绽,也要骨头粉碎……急中生智,我知道动物都喜欢挠痒的。幸好,我的胳膊还没摔断,只是给拉开了一个大口子,血已干了。我只得胆战心惊地抬起手来在它伸来的鼻子上抚摸。奇迹出现了,它立即安静下来,还有意地上卷鼻子,露出鼻根处,向我凑。原来那里有伤,已经结痂。我用手指在那周围轻轻地挠挠,它舒服得直哼哼。直到这时,我才敢用另一只手摸摸它的腿和身子……

为我洒水的那只母象,叫了一声,虽然是小声,但很尖厉。大象们挪步走了,小象依然不愿放弃挠痒的机会,赖着不走。那头母象又叫了一声，大概是它的母亲，小象才极不情愿地离开……

我像做了一场梦。全身都火烧火燎地疼起来……是的，是大象救了我的命……

> **助读交流**
>
> 这是一个像梦一样神奇的故事。人类掠夺过象牙，大象却回馈我们救命的恩泽。大象用独特的方式唤醒了我；幼象用鼻子在我脸上、手上摸来摸去，我抚摸它的鼻子、腿和身子……善意不需要语言的表达，却能彼此感受到。你和动物之间，有过这样温暖的小故事吗？回忆一下，讲给你的小伙伴听。

你写过自然笔记吗？

　　自然笔记就是用文字，辅以绘画、摄影等多种形式，记录在大自然中的所见所闻所感，花开花谢，潮起潮落，或是与一只蜘蛛、一条小狗的相遇……可以是偶然所得的单篇笔记，也可以是不同时间，甚至是不同心境下对同一株植物、同一个动物或自然现象的连续观察笔记。

　　写自然笔记时，可以记录观察的时间、地点和天气情况，重点描写观察的对象；也可以写写它所处的环境，适当插入与之相关的回忆、故事、古诗词等，别忘了写出自己的真实感受；遇到不懂的地方，还可以查资料，适当补充一些科普小知识。

母象又叫了一声，大概是它的母亲，小象才极不情愿地离开……

我像做了一场梦。全身都火烧火燎地疼起来……是的，是大象救了我的命……

助读交流

　　这是一个像梦一样神奇的故事。人类掠夺过象牙，大象却回馈我们救命的恩泽。大象用独特的方式唤醒了我；幼象用鼻子在我脸上、手上摸来摸去，我抚摸它的鼻子、腿和身子……善意不需要语言的表达，却能彼此感受到。你和动物之间，有过这样温暖的小故事吗？回忆一下，讲给你的小伙伴听。

你写过自然笔记吗？

　　自然笔记就是用文字，辅以绘画、摄影等多种形式，记录在大自然中的所见所闻所感，花开花谢，潮起潮落，或是与一只蜘蛛、一条小狗的相遇……可以是偶然所得的单篇笔记，也可以是不同时间，甚至是不同心境下对同一株植物、同一个动物或自然现象的连续观察笔记。

　　写自然笔记时，可以记录观察的时间、地点和天气情况，重点描写观察的对象；也可以写写它所处的环境，适当插入与之相关的回忆、故事、古诗词等，别忘了写出自己的真实感受；遇到不懂的地方，还可以查资料，适当补充一些科普小知识。

自然笔记一：我的动物朋友

时间：

地点：

天气：

观察者：

给动物朋友画个像

给动物朋友拍张照

关于动物朋友的小资料

（友情提示：写写我见到的动物朋友，它是什么样子，你是在什么地方、什么情况下遇到它的，它在做什么，它周围的环境如何，看到它你有什么感受，真实地写出你的所见所闻所感，如果能用上比喻、拟人等修辞手法就更好了。）

文学里的鸟兽虫鱼

自然笔记二：连续观察笔记

友情提醒：可以是短期内的连续观察，也可以是长期的连续观察。将每次的观察笔记连起来看，你一定会有所发现。

时间：

地点：

天气：

观察记录（可以图文并茂）：

自然笔记三:"还原"我的动物朋友

　　用橡皮泥、折纸、雕刻等多种方式,把你的动物朋友"还原"出来,然后,用文字记录它的样子、爱好、生活习性等方方面面的情况,变成一份立体的自然笔记。

文学里的鸟兽虫鱼

本书部分文字作品稿酬已经向中国文字著作权协会提存，敬请相关著作权人联系领取。

收转分配部电话：010-65978917

传真：010-65978926

公共邮箱：wenzhuxie@126.com